Gerhard Schneider

Auslaufmodell Priesterseminar?

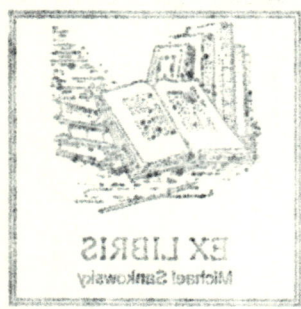

Gerhard Schneider

Auslaufmodell Priesterseminar?

Neue Konzepte für eine alte Institution

HERDER

FREIBURG · BASEL · WIEN

© Verlag Herder GmbH, Freiburg im Breisgau 2016
Alle Rechte vorbehalten
www.herder.de

Umschlaggestaltung: Verlag Herder
Umschlagmotiv: © tonymax / Gettyimages

Satz: Barbara Herrmann, Freiburg im Breisgau
Herstellung: CPI books GmbH, Leck

Printed in Germany

ISBN 978-3-451-37577-4

Inhalt

Inhalt

Inhalt

III. Optionen

Inhalt

Vorwort

Ein Lehrer steht mit seiner Schulklasse vor einem Priesterseminar und erklärt: „In diesem Gebäude wohnen die katholischen Priesterschüler. Aber lasst euch nicht von der prächtigen Fassade täuschen. Bis heute haben die hier drin keine eigenen Zimmer, sondern nur große Schlaf- und Studiersäale!" So geschehen im Jahr 2012. Und natürlich war das Gesagte blühender Unsinn. Aber es wurde geglaubt. Das ist das Problem der Seminare: Es wird so ziemlich alles geglaubt, was über das Geschehen hinter den hohen Mauern erzählt wird. Und nicht selten mündet ein solch zweifelhafter Mythos in ein Verdikt: Ein Priesterseminar wirkt, meist sowieso ziemlich leer, wie aus der Zeit gefallen.

Es ist das Anliegen dieses Buches, gegen einen solchen Anachronismusverdacht das innovative Potenzial der Institution Priesterseminar neu zu bedenken und stark zu machen. Die Ideen zu den Vorschlägen, die in diesem Buch ausgeführt werden, entstanden in vielen Gesprächen mit Mitbrüdern, Kolleginnen und Kollegen in der Priesterausbildung, in der pastoralen Ausbildung und in der Berufungspastoral, mit Priesteramtskandidaten und anderen Theologiestudierenden sowie mit Interessenten am Priesterberuf und an anderen pastoralen Berufen. Ohne diese zahlreichen Impulse wäre dieses Buch nicht entstanden.

All diesen Gesprächs- und Diskussionspartnern gilt mein herzlicher Dank. Meinen Tübinger und Rottenburger Kolleginnen und Kollegen in der pastoralen Ausbildung danke ich für vielfältigen Rat und Unterstützung. Prof. Dr. Philipp Müller und PD Dr. Michael Seewald danke ich für wichtige Hinweise. Frau Dr. Esther Schulz danke ich schließlich für das umsichtige und engagierte Lektorat im Verlag Herder.

Tübingen, im April 2016   *Gerhard Schneider*

Hinführung: Herzoperationen

Das Zweite Vatikanische Konzil bezeichnet das Priesterseminar als „Herz der Diözese"[1]. Auch heute noch wird man von dieser emotionalen Wertung im ansonsten recht trocken formulierten Dekret zur Priesterausbildung überrascht. Mit großer Selbstverständlichkeit wird zum Ausdruck gebracht, dass das Priesterseminar und die damit verbundene Seminarkonzeption für eine Diözese eine grundsätzliche und nicht nur bildlich gesprochen lebenswichtige Bedeutung hat.

Diese hervorgehobene Stellung im Gesamtgefüge und Selbstverständnis einer Diözese lässt die akute Krise, in der sich viele Seminare befinden, umso dramatischer erscheinen. Vielen Priesterseminaren droht, um im Bild zu bleiben, der akute Infarkt. Manche werden schon jetzt mehr schlecht als recht am Leben erhalten. Aber eine endgültige Schließung eines Seminars ist für eine Diözese und den Bischof, der diese Entscheidung verantwortet, nach wie vor ein schwerwiegender, mitunter fast unmöglicher Schritt. Zurecht – denn mit einem Seminar verbindet sich jenseits eigener, mehr oder weniger nostalgischer Erinnerungen von Entscheidungsträgern ein zentraler Ort im Selbstverständnis einer Diözese, darüber hinaus ein geistlicher Ort der Glaubenskommunikation und Berufungsklärung. So einfach und folgenlos hört dieses Herz nicht auf zu schlagen.

Für eine derart grundsätzliche Betrachtung bleibt heute jedoch kaum Zeit. Regenten der Priesterseminare und Verantwortliche in den Diözesen stehen unter starkem Druck. Die Diskussion über die Zukunft der Seminare wird von drängenden Problemen bestimmt, allen voran den immer weiter sinkenden Zahlen von Priesteramtskandidaten. Die Frage, was ein Priesterseminar ist

---

1 Vgl. Dekret über die priesterliche Ausbildung *Optatam totius* 5.

und was es in seiner Kernbestimmung für eine Diözese bedeutet, mutiert nicht selten zur pragmatischen Überlegung, ob und wie das Seminar innerhalb der bestehenden Seminarkonzeptionen bei immer kleineren Kommunitäten erhalten werden kann. Diese Reduktion wird den Möglichkeiten nicht gerecht, die ein Priesterseminar bieten kann. Die Bedeutung des Seminars etwa für die Berufungsklärung und Ausbildung künftiger Priester, für die Vorbereitung auf die pastorale Wirklichkeit einer Diözese sowie für die gesamtkirchliche und diözesane Identitätsbildung geht dabei leicht unter.

Die Veränderungen, die in der deutschen Seminarlandschaft bereits vollzogen wurden oder sich abzeichnen, sind schwierige Operationen am Herzen der Diözese. Sie sind meist notwendig und unabwendbar, weitreichend in ihren Folgen und sollten deswegen unter größter Sorgfalt erfolgen. Vor allem benötigen sie eine genaue Kenntnis des Herzens und der Funktionen, die dieses im Organismus einer Diözese und in der Ausbildung (nicht nur) künftiger Priester hat und haben kann. Dieses Buch will dazu beitragen, diese Funktionen neu zu entdecken.

Im ersten Teil wird gefragt, in welcher Situation sich Priesterseminare als zentrale Einrichtungen der Priesterausbildung heute befinden und wie sie in diese geraten sind. Die Frage nach der historischen Entstehung des Priesterseminars bringt ursprüngliche Bestimmungsgründe ins Spiel. Ein Blick auf die historische Entwicklung und deren Auswirkungen auf die Seminarkonzeption bis in die Gegenwart soll helfen, das Innovationspotenzial des Systems Priesterseminar neu zu entdecken.

Darauf aufbauend untersucht der zweite Teil, welche konkreten Herausforderungen sich heute in der Seminarkonzeption ergeben. Zwei zentrale Themen sind dabei die Frage nach dem Priesterbild, das die Seminarkonzeption prägen soll, und der konkrete Verlauf von Berufungsklärungen.

Der dritte und letzte Teil schlägt konkrete Reformelemente vor und beleuchtet wichtige Funktionen des Seminars, die damit in Zusammenhang stehen.

Hintergrund der Entstehung dieses Buches sind Erfahrungen in der Priester- und Theologenausbildung in Tübingen und in der Diözese Rottenburg-Stuttgart. Einige der vorgeschlagenen Konzepte sind dort bereits erfolgreich verwirklicht, andere werden erprobt. An vielen Stellen konnten auch Erfahrungen anderer Orte der Priesterausbildung in die Untersuchungen einfließen. Der Fokus dieses Buches ist auf die Priesterseminare im deutschen Sprachraum gerichtet. Die Situation von Priesterseminaren in Deutschland und – in jeweils wieder anderer Form – auch in der Schweiz und in Österreich weist Besonderheiten auf, da sich einerseits an der Mehrzahl der Seminarstandorte staatliche und kirchliche Institutionen die Ausbildungsverantwortung teilen, andererseits aber die Priesteramtskandidaten in der Regel nur eine Minderheit der Theologiestudierenden an einer Katholisch-Theologischen Fakultät darstellen. Da dieses Buch konkrete und handlungsorientierte Vorschläge bietet, beschränkt es sich auf den deutschen Sprachraum und dessen besondere Herausforderungen.

I.
Annäherungen

1
Eine Institution in der Krise

1.1 Im Bann der dauerhaft zurückgehenden Zahlen

1.1.1 Drastisch, aber vorübergehend:
Der Einbruch nach dem Konzil

„Wer es zum gegenwärtigen Zeitpunkt wagt, zur Frage der Priesterbildung und Priesterausbildung Stellung zu nehmen, muß damit rechnen, daß ihm die weitere Entwicklung schon morgen unrecht gibt."[1] Allein die alte Rechtschreibung lässt erahnen, dass dieses Zitat nicht aus jüngster Zeit stammt. Walter Kasper leitete damit „Theologische Überlegungen" zur Priesterausbildung ein – im Jahre 1975. Der im Hintergrund stehende starke Rückgang der Zahl der Priesteramtskandidaten und, um einige Jahre versetzt, auch der Priesterweihen in jenen Jahren ist heute weitgehend vergessen. Viel präsenter ist der deutliche Anstieg in den 1980er-Jahren und das bis heute andauernde, kontinuierliche und schließlich beispiellose Sinken der Zahlen seit 1990.[2]

Tatsächlich aber war der Rückgang der Zahlen relativ gesehen in den 15 Jahren zwischen 1962 und 1977 ebenso drastisch. Wurden 1962 noch 557 Männer zu Priestern geweiht, waren es 1976 gerade einmal noch 182 – ein Rückgang um mehr als zwei Drittel. Besonders stark sank die Zahl der Weihen in den Jahren nach 1968, als sie sich binnen fünf Jahren fast halbierte. Die Krisenstimmung der 1970er-Jahre ist also durchaus vergleichbar mit der aktuellen Situation.[3] Da die damaligen Eintritts- und Weihezahlen

---

1 Kasper, Priesterbildung, S. 300.
2 Vgl. Zentrum für Berufungspastoral Freiburg, Priesterweihen (ohne Ordenspriester) 1962–2015, www.berufung.org.
3 Beachtenswert die Publikationstitel jener Zeit: Gregor Siefer, Sterben die Priester

14

aber aus heutiger Sicht noch immer traumhaft hoch waren, werden häufig weder die Sorge noch die Diskussion jener Zeit ernst genommen. Dabei wurden viele innovative Themen angestoßen und diskutiert, die, zwischenzeitlich vergessen, erst Jahrzehnte später wieder entdeckt und umgesetzt wurden. Bekanntestes Beispiel ist die Einführung eines theologischen Propädeutikums für Theologiestudenten bzw. Priesteramtskandidaten, die erstmals bereits vor dem Konzil diskutiert wurde.[4] Erstmals kam es unter den Seminarleitungen und Seminaristen auch zu systematischen Überlegungen, ob und wie dem nun offensichtlich werdenden Priestermangel mit moderner Werbung zu begegnen sei.[5]

Anlass für Kaspers „Theologische Überlegungen" war eine kurz zuvor durchgeführte, ausgewertete und veröffentlichte Umfrage unter Priesteramtskandidaten.[6] Derartige empirisch fundierte Wege der Situationsanalyse waren zu dieser Zeit innovativ und zumal im kirchlichen Kontext ungewöhnlich. In der Auswertung der Erhebung kam man zur Erkenntnis, dass der drastische Rückgang der Zahlen der Priesteramtskandidaten und Priesterweihen auf divergierende und konkurrierende Priesterbilder zurückzuführen sei. Diagnostiziert wurde ein horizontal-gemeindebezogenes Priesterbild einerseits und ein vertikal-christologisches andererseits. Letzteres leite sich von der Sendung der Kirche ab, ersteres vom Bezug zur Gemeinde.[7] Kasper sieht darin nicht nur einen Reflex auf die Beschlüsse des Konzils, sondern ein Symptom einer langfristigen Entwicklung:

---

aus? Soziologische Überlegungen zum Funktionswandel eines Berufsstandes, Essen 1973; Alois Müller, Priester – Randfigur der Gesellschaft? Befund und Deutung der Schweizer Priesterumfrage, Einsiedeln-Zürich 1974.

4 Vgl. Nicolay, Zeitgerechte Priesterbildung, S. 365; G. Schneider, Integrative Propädeutik, S. 38.

5 Vgl. Baumann, Was Priesterseminaristen bewegte, S. 109.111f.

6 Schmidtchen, Umfrage unter Priesteramtskandidaten.

7 Vgl. Kasper, Priesterbildung, S. 302.

„Die Kirche partizipiert hier an dem Dualismus, der die gesamte Neuzeit durchwaltet. Pendelschläge von einer extremen Veräußerlichung zu einer ebenso extremen Verinnerlichung, wie wir sie gegenwärtig erleben, durchziehen die gesamte Neuzeit. Aufklärung und Mystik (bzw. Pietismus, Romantik) waren schon immer zwei Seiten einer Bewegung."[8]

Der Einbruch der Zahlen an Priesteramtskandidaten und Neupriestern in den 1970er-Jahren wurde in breitem Konsens auf eine Krise des Priesteramtes in den Jahren nach dem Konzil zurückgeführt. Wieder steigende Eintrittszahlen in Seminare ließen die Krise bei aller Vorsicht aber schon in den Jahren weniger dramatisch erscheinen, als die Zahl der Priesterweihen noch sank. Wenn auch der Priestermangel nicht ganz aus dem Bewusstsein verschwand, schien der starke Einbruch doch nur ein temporäres Phänomen der unmittelbar nachkonziliaren Zeit zu sein, in der sich Berufsbilder neu klären mussten. Zu grundlegenden systemischen Reformen der Priesterausbildung kam es folglich nicht (mehr), wenngleich sich der Vollzug des Seminarlebens und dessen programmatische Ausrichtung in jenen Jahren ebenso nachhaltig änderte wie das Theologiestudium.

1.1.2 Das Verschwinden der „Kleinen Seminare"

Eine deutliche und folgenreiche Zäsur stellte jedoch das allmähliche Verschwinden vieler „Kleiner Seminare" dar, als Internate geführte Gymnasialkonvikte in Trägerschaft von Diözesen oder Orden, aus denen seit deren flächendeckender Entstehung im 19. Jahrhundert ein Großteil des Nachwuchses der Priesterseminare hervorging. Unmittelbar nach dem Zweiten Weltkrieg erlebten die Kleinen Seminare eine Blütezeit. Doch der aus früheren Jahrzehnten gewohnte Wechsel größerer Teile der Abschlussjahrgänge in die Priesterseminare blieb schon bald aus. Bereits in den

---

8 Ebd., S. 304.

1960er-Jahren zeigte sich eine Krise der Kleinen Seminare insgesamt. Höhere Bildungsabschlüsse konnten nun zunehmend auch in neu gegründeten Bildungseinrichtungen in ländlichen Gebieten erworben werden, ohne dass ein Internatsaufenthalt notwendig wurde.

Das Zweite Vatikanische Konzil sah in den Kleinen Seminaren weiterhin einen zentralen Ort der neu entstehenden Berufungspastoral.[9] Freilich wurde in der Diskussion des Seminardekrets *Optatam totius* deutlich, dass die Zielsetzung dieser Einrichtungen zunehmend umstritten war. Einem während der Entstehung des Dokumentes wachsenden Anteil der Konzilsväter erschien es nicht mehr zeitgemäß und verantwortbar, bereits Jugendliche offensiv auf den priesterlichen Dienst hin zu prägen. Die Offenheit der Berufungsfrage wurde schließlich ausdrücklich betont.[10] Den Ausführungen zu den Kleinen Seminaren ist insgesamt deutlich anzumerken, dass die Konzilsväter deren schwindende Bedeutung für die Förderung von Priesterberufungen ahnten.

Da viele dieser Einrichtungen nicht geschlossen wurden, sondern in modifizierter Form als Schulen weiterexistierten, erschien diese Entwicklung im deutschen Sprachraum nicht dramatisch. Gleichwohl war das sukzessive Verschwinden der Kleinen Seminare ein deutliches Anzeichen dafür, dass die kinderreiche katholische Landbevölkerung als zuverlässige Ressource für Priesterberufungen mehr und mehr an Bedeutung verlor.

---

9 Vgl. *Optatam totius* 3. Vgl. dazu auch Horn, Die Förderung von Berufungen zum Priestertum, S. 181f.

10 „Die von den Alumnen durchzuführenden Studien sollen so angeordnet werden, dass sie diese ohne Nachteil anderswo fortsetzen können, wenn sie einen anderen Lebensstand ergreifen sollten" (*Optatam totius* 3). Vgl. dazu auch Horn, Die Förderung von Berufungen zum Priestertum, S. 195–198.

17

Annäherungen

1.1.3 Dauerhaft und epochal:
der Rückgang seit den 1990er-Jahren

Nach den turbulenten 1970er-Jahren stieg die Zahl der Priesteramtskandidaten wieder deutlich an, wenn auch längst nicht mehr auf die
hohen Zahlen wie vor dem Einbruch. Diese Entwicklung hielt während der 1980er-Jahre an und erreichte 1989 mit 297 Priesterweihen
ihren Höhepunkt. Danach begannen die Zahlen sowohl der Neueintritte als auch der Weihen wieder zu sinken.[11]
Diese Wende fällt zusammen mit der weltgeschichtlichen Epo-
chenwende 1989. Da Weihezahlen das Ergebnis jahrelanger Berufungswege und vielfacher Entscheidungen sind, wäre ein unmittelbarer Zusammenhang zu weit hergeholt. Dennoch ist die von nun
an kontinuierlich sinkende Zahl der Neupriester ein deutliches
Symptom dafür, dass sich fest gefügte Strukturen in einem zunehmend säkularen Umfeld auflösten und Selbstverständlichkeiten endgültig nicht mehr galten. Die sich immer mehr verschärfende Berufungskrise zum priesterlichen Dienst ging einher mit einer
Identitätskrise der Kirche insgesamt, die in einer zunehmend säkula-
risierten und individualisierten Welt ihren Ort suchte.

1995 erschien der von Paul Zulehner und Jan Kerkhofs heraus-
gegebene Sammelband „Europa ohne Priester". Der provokante
Titel verweist auf die zentrale Aussage des Buches: Der Priestermangel ist endgültig nicht mehr ein vorübergehendes, sondern ein
epochales, europäisches Phänomen. Da sich der starke Rückgang
der 1970er-Jahre aber als nur vorübergehend erwiesen hatte, stellten die Autoren eine gefährliche Sorglosigkeit fest:

*„Das Problem eines baldigen Priestermangels ist nicht annähernd in
das kollektive Bewusstsein vorgedrungen, und wer doch etwas mit-
bekommt, reagiert mit der Bemerkung, dass die Geschichte seit jeher*

---

11 Vgl. zu den Ursachen z. B. Ebertz, Berufungskrise – externe und interne Perspektiven.

ein Auf und Ab kenne und es dabei halt zahlenmäßig mal mehr, mal weniger Priester und Ordensleute gebe."[12]

Die Entwicklung der folgenden Jahre gab den Autoren mehr als recht: Die Zahl der Neueintritte in deutsche Seminare und infolge auch die Zahl der Priesterweihen sank immer weiter. Die Zahl von 186 Priesterweihen, die 1995 noch als alarmierend niedrig empfunden wurde, erscheint heute angesichts der 51 Priesterweihen im Jahr 2015 höchst erstrebenswert. Längst handelt es sich nicht mehr nur um ein deutsches und europäisches Problem. Mit Ausnahme Afrikas sank die Zahl der Priesteramtskandidaten weltweit von 2011 bis 2013 um 2 %. Den stärksten relativen Rückgang (7 %) musste dabei Südamerika verkraften.[13]

Neben dem Rückgang der absoluten Zahlen der Priesteramtskandidaten ist seit der Jahrtausendwende in Deutschland eine weitere Entwicklung zu beobachten, die für das Selbstverständnis und die Konzeption der Priesterseminare von großer Bedeutung ist: Das Durchschnittsalter der Priesteramtskandidaten steigt an. Deutlich wird dies bei einem Blick auf das durchschnittliche Weihealter einzelner Jahrgänge, hier beispielhaft dargestellt anhand von Zahlen aus der Diözese Rottenburg-Stuttgart:[14]

Jahrgang	Durchschnittsalter der Neupriester
1990	29,6
2000	31,4
2010	37,8
2013	37,6
2014	35,6
2015	32,8

12 Kerkhofs, Der Priestermangel in Europa, S. 11.
13 Vgl. „Es werden immer weniger. Vatikan beklagt fortschreitenden Priestermangel", www.domradio.de vom 30.4.2015 (aufgerufen April 2015).
14 Zahlenmaterial der Jahresstatistiken des Wilhelmsstifts Tübingen.

Für die Seminare bedeutet das deutlich erhöhte Durchschnittsalter nicht nur eine zunehmende Pluralität der biografischen Hintergründe der Priesteramtskandidaten, sondern vor allem auch ein höheres Konfliktpotenzial aufgrund unterschiedlicher lebensweltlicher Verortungen der Seminarausbildung. Ein 20-jähriger Schulabgänger erlebt den Seminarkontext völlig anders als ein 40-jähriger Mann, der aus einer Berufspraxis und eigenständiger Lebensführung heraus in ein Priesterseminar zieht.[15] Obwohl beide das gleiche Ziel vor Augen haben, gestalten sich zudem Berufungsklärungen und Entscheidungsprozesse denkbar unterschiedlich. Priesterseminare stehen damit vor einem doppelten Problem: Die Hausgemeinschaften sind nicht nur kleiner, sondern in Lebensalter und biografischem Hintergrund auch heterogener geworden. Die dahinter stehenden Berufungsprozesse lassen kein homogenes Ausbildungsprogramm mehr zu, sondern fordern eine Vielzahl verschiedener, parallel laufender Ansätze.[16] Schließlich kommt noch eine dritte Schwierigkeit hinzu: Immer weniger Priesteramtskandidaten verbringen ihre gesamte Studienzeit im Seminar. Schon 1999 formulierte ein Mitglied der Ausbildungsleitung eines Seminars: „Nicht selten geben hauptamtliche Mitarbeiter/innen und Pfarrer den Ratschlag, erst einmal „frei" zu studieren und sich am Ende zu bewerben, um so die spezifische Ausbildung im Priesterseminar zu umgehen."[17] Die Tendenz, dass Priesteramtskandidaten aus den verschiedensten Gründen zumindest einen Teil des Theologiestudiums „frei" verbringen, hat sich seitdem kontinuierlich verstärkt. Im Jahr 2015 traten 35 % aller neu aufgenommenen Priesteramtskandidaten während des bereits laufenden Theologiestudiums in das Seminar ein. Direkt von der Schule kamen hingegen nur noch 18 % der Neueintritte.[18]

---

15 Vgl. hierzu z. B. Hagemann, Neue Wege, S. 135–138.

16 Diesbezügliche Erfahrungen eines Regens finden sich z. B. bei Hagemann, Neue Wege, S. 135–138.

17 Ochs, Christlich erziehen/sozialisieren in einem Priesterseminar, S. 67.

18 Vgl. Statistik „Statistische Erhebung zur Priesterausbildung im Bereich der Deutschen Bischofskonferenz / Stichtag 31.10. 2015", www.berufung.org.

1.1.4 Die Diskussion um Mindestgrößen von Seminargemeinschaften

Schon längst führt die stetig sinkende Zahl von Priesteramtskandidaten nicht nur zur Frage möglicher Ursachen des Rückgangs und dessen Folge für die Pastoral. Auch das Ausbildungssystem Priesterseminar ist dadurch in seiner Konzeption und Funktionsweise massiv in Frage gestellt: „Der Alltag des kleinen Häufchens in mittlerweile völlig überdimensionierten Konvikten und Seminaren scheint wenig angetan, Einsamkeit und Verlorenheitsgefühle zu zerstreuen"[19], stellte Alexander Foitzik schon 2003 fest, als er über den ersten deutschen Seminaristentag in Mainz berichtete, der 750 deutsche diözesane Priesteramtskandidaten zusammenbrachte, um eine prägende und mutmachende Gemeinschaftserfahrung zu ermöglichen.[20] Die Einsicht, dass ein Priesterseminar unabhängig von seiner konkreten strukturellen Verortung und Ausgestaltung wesentlich ein Ort des Gemeinschaftslebens ist, führte immer wieder zur Frage nach einer „kritischen Größe" der Seminargemeinschaft. Im Hintergrund steht dabei die Frage nach der Daseinsberechtigung des Priesterseminars: „Hier entsteht der eigentliche Druck. Zu kleine Seminare und zu kleine Hausgemeinschaften stellen das Seminar als solches in Frage."[21]

Infolge entstand eine bis heute anhaltende Diskussion um Mindestgrößen von Seminargemeinschaften:

„Ein gutes Seminar, indem man einander kritisiert und einander aufbaut, braucht eine Gemeinschaft von 30 bis 40 Leuten. [...] Meine Idee ist, dass in Deutschland angesichts so weniger Priesteramtskandidaten drei bis vier überdiözesane Seminarstandorte ausreichen."[22]

---

19 Foitzik, Gut getan, S. 275.

20 Die von 2003 an regelmäßig durchgeführten Seminaristentage hatten wesentlich das Ziel, die zahlreichen kleinen Seminargemeinschaften (und deren Leitungen) durch Gemeinschaftserfahrungen zu ermutigen.

21 Thönnes, Priester werden in Deutschland, S. 79.

22 Kessler, Interview „Sitzt, passt und hat Luft" (2014).

Dieser Vorschlag geht von einem in Grunde einfachen Rechenmodell aus: Eine bestimmte Anzahl von (tatsächlich vorhandenen oder zukünftig angenommenen) Priesteramtskandidaten wird durch eine (wie auch immer festgelegte) Mindestanzahl pro Seminar geteilt, wodurch sich eine Idealzahl an Seminaren ergibt. Der Kontext des Seminars und seine Verortung im Zusammenspiel mit anderen Ausbildungs- und Lernorten spielen bei diesen Überlegungen allerdings nur eine untergeordnete Rolle.

Im Jahr 2012 entschied das Bistum Essen, die Priesterausbildung künftig zusammen mit dem Bistum Münster in Münster durchzuführen.[23] Seit dem gleichen Jahr wohnen in Österreich die Seminaristen der Diözese Sankt Pölten im Priesterseminar in Wien und studieren an der dortigen Fakultät. Im Januar 2016 geriet das Thema schließlich erneut in den Fokus, als die Diözese Trier ankündigte, dass ihre Priesteramtskandidaten künftig an der Theologisch-Philosophischen Hochschule Sankt Georgen in Frankfurt am Main studieren würden – gut 200 Kilometer von Trier entfernt, bei gleichzeitigem Fortbestehen der Theologischen Fakultät in Trier. Begründet wurde dieser Schritt mit der aktuell kleinen Zahl an Priesteramtskandidaten:

„Hintergrund der Entscheidung des Trierer Bischofs Dr. Stephan Ackermann, die Seminaristen für die Studienphase nach Frankfurt zu entsenden, ist die Sicherung der Qualität der Ausbildung für die künftigen Trierer Bistumspriester. Die Ausbildungskommunität am hiesigen Priesterseminar umfasst aktuell sieben Seminaristen. Damit ist eine Untergrenze erreicht, die dem für den Priesterberuf erforder-

---

23 Vgl. den entsprechenden Hinweis auf www.priesterseminar-essen.de (aufgerufen Oktober 2014): „Unser Bischof Dr. Franz-Josef Overbeck hat entschieden, nicht nur wie bislang den Pastoralkurs sondern die Priesterausbildung insgesamt in Kooperation mit dem Bistum Münster durchzuführen. Das bedeutet: Seit dem Herbst-/Wintersemester 2012/2013 studieren die Priesterkandidaten des Bistums Essen an der Westfälischen Wilhelms-Universität Münster und leben währenddessen im Priesterseminar Borromaeum in Münster – gemeinsam mit den Priesterkandidaten der Diözesen Aachen, Münster und Osnabrück."

*lichen menschlichen und geistlichen Wachstums- und Reifungspro-
zess in der Ausbildung nicht mehr förderlich ist.*"[24]

Diese Entscheidung ist auch deswegen bemerkenswert, weil sich
die Theologische Fakultät in Trier in diözesaner Trägerschaft
befindet und nicht – wie bei der Mehrzahl der Katholisch-Theologischen Fakultäten in Deutschland der Fall – in staatlicher Trägerschaft. Das Priesterseminar in Trier soll dennoch mit geänderter
Konzeption fortbestehen.[25] Zuvor waren auch in Bamberg und Passau, wo die Katholisch-Theologischen Fakultäten 2007 sistiert worden waren, die beiden Priesterseminare nicht geschlossen, sondern
in modifizierter Form beibehalten worden.

Das Fortbestehen dieser Seminare ist ein wichtiger Hinweis: Es
scheint neben der Frage nach einer Mindestzahl an Priesteramtskandidaten mehrere andere Aspekte und Bestimmungsgründe eines
Priesterseminars zu geben, die bisher kaum den in Blick genommen
worden sind: Priesterseminare sind wesentliche Orte diözesaner
Identitätsbildung; sie schaffen zahlreiche Verknüpfungen zur Le-
bens- und Glaubenswelt der künftigen Priester und werden gerade
in dieser Funktion in den letzten Jahren zunehmend profiliert.[26] Es
ergibt sich eine unübersehbare Spannung, wenn einerseits eine
wachsende Distanz der Priesteramtskandidaten zur pastoralen Praxis beklagt wird, andererseits aber trotz vorhandener Alternativen
die Ausbildung in einem außerdiözesanen, vom späteren Wirkungsfeld weit entfernten Priesterseminar erfolgen soll. So kam es z. B. in
Frankreich zur Wiedereröffnung bereits geschlossener Seminare:

*„Sie [die Wiedereröffnung] beruht auf der Einsicht, dass die Priester-
ausbildung in der Ortskirche ihren genuinen Platz hat und in diesem*

24 Vgl. http://www.ps-trier.de/bistum_trier_sichert_die_qualitaet_der_priesteraus-
bildung-336.aspx (aufgerufen Februar 2016).
25 Details waren zum Zeitpunkt der Drucklegung dieses Buches noch nicht bekannt.
26 Vgl. z. B. Hagemann, Neue Wege, S. 132; Thomas Ochs, Christlich erziehen/so-
zialisieren im Priesterseminar, S. 67–69.

23

Kontext eine Herausforderung für die Berufungspastoral darstellt. Denn wenn die wenigen Seminaristen in einem fernen Regionalseminar ausgebildet werden, geraten sie leicht aus dem Blickfeld ihrer Diözese, so dass auch bei den Gläubigen das Bewusstsein für die Priesterausbildung schwindet."[27]

1.2 Die Infragestellung des Seminars als Ausbildungssystem

1.2.1 Ein geschlossenes System?

Die Frage nach der Mindestgröße von Seminaren, nach in Konsequenz möglichen Seminarschließungen und entsprechenden überdiözesanen Neukonzeptionen scheint zumindest ein, wenn nicht das Hauptthema der Reformdiskussion zu sein. Dennoch handelt es sich dabei letztlich nur um eine eher technische Frage nach dem Umgang mit dem Symptom sinkender Zahlen. Von viel grundsätzlicherer Bedeutung sind Anfragen an das Gesamtsystem Priesterseminar und dessen Eignung als Ausbildungsort. Wo kann ein Seminar für die Reifung und Vorbereitung auf den priesterlichen Dienst eher förderlich sein, wo dagegen hinderlich? Welchen Typus von Kandidaten zieht welche Seminarkonzeption warum an, welchen schreckt sie ab? Braucht man überhaupt ein Seminar für eine gelingende Priesterausbildung?

Auf dem Hintergrund dieser Fragen lässt sich zunächst eine rapide Abnahme der Akzeptanz des Priesterseminars als Ausbildungsort und, weiter gefasst, als Ausbildungskonzept feststellen. Dies gilt zunächst unbestritten und statistisch nachweisbar im Blick auf die Seminaristen selbst, die sich nicht dem Generalverdacht aussetzen wollen, irgendwo zwischen „verhätschelten Lieblingskindern" und „fremdbestimmten Kastenbewohnern"[28] angesiedelt zu werden und deren Zahl (selbstredend nicht nur

---

27 Stenger, Priesterausbildung in Frankreich, S. 84.
28 Erdmann, Paradoxien der Priesterausbildung, S. 199.

deswegen) rapide sinkt. Darüber hinaus stößt das System Priesterseminar sowohl innerkirchlich wie auch gesellschaftlich auf immer
größere Vorbehalte, die das Seminar als „geschlossenes System" sehen und in Frage stellen:

> *„Aus psychologisch-anthropologischer Sicht erscheint die übliche Struktur des traditionellen Priesterseminars mehr denn je als problematisch; es sei nur an den empirisch deutlich zu verifizierenden Umstand erinnert, dass die Seminarzeit für manch einen Kandidaten in der persönlichen Reifung oft mangels existentieller Herausforderungen eher ein retardierendes Moment als eine Förderung bedeutet."*[29]

Die Priesterausbildung gerät in eine immer größere Spannung. Einerseits wird das Seminar mit guten Gründen als unerlässliches Ausbildungssystem (nicht nur aufgrund der kirchenrechtlichen Vorgaben) ausdrücklich bejaht. Andererseits sind gleichzeitig dessen strukturelle Defizite und die mangelnde Akzeptanz unübersehbar. Nicht umsonst lässt 2003 der Bochumer Regens Thönnes seiner Positionierung „Vor dem Verzicht auf die Seminarausbildung warne ich ausdrücklich"[30] wenige Sätze später die Bedingung folgen: „Dabei darf die Seminarausbildung nicht wieder zu einem in sich geschlossenen System werden." Freilich wird keine deutsche Diözese ihr Seminar als „geschlossenes System" führen oder bezeichnen wollen. Eine Vielzahl an Außenkontakten, Praktika und Gemeindebezügen werden regelmäßig als elementare Bestandteile des Seminarprogramms genannt. Allerdings wurde schon früh angezweifelt, ob diesen Pflichtelementen tatsächlich prägende Kraft zukommt.[31] Insgesamt scheint sich wenig daran zu ändern, dass

29 Ebd., S. 200.
30 Vgl. Thönnes, Priester werden, S. 80.
31 „Die pflichtgemäßen mehrwöchigen Gemeinde-, Sozial-, Fabrik- und Schulpraktika sind zwar dazu bestimmt, die heutige Lebenswelt differenziert wahrzunehmen, um von dieser Erfahrung her Zugänge zur Theologie, Spiritualität und Pastoral zu suchen; aber diese Praktika während der Semesterferien hinterlassen in nur geringem

Annäherungen

Priesterseminare von verschiedenen Seiten und aus unterschiedlichen Gründen noch immer als zumindest tendenziell geschlossene Systeme und als „Sonderwelt"[32] wahrgenommen werden. Tatsächlich hat sich dieser Eindruck in den letzten Jahren noch verstärkt. Dazu trug einerseits die Existenz immer kleinerer Kommunitäten bei, die zwangsläufig weniger Außenkontakte generieren konnten. Andererseits führte eine Reihe von Skandalen dazu, dass Priester und mit ihnen der Ausbildungsort Priesterseminar in bisher kaum gekannter Weise in Frage gestellt wurden.

1.2.2 Seminar und Homosexualität

Im Jahr 2005 wurde von der Kongregation für das Katholische Bildungswesen die „Instruktion über Kriterien zur Berufungsklärung von Personen mit homosexuellen Tendenzen im Hinblick auf ihre Zulassung für das Seminar und zu den heiligen Weihen" veröffentlicht. Dem Dokument geht es darum, „ob Kandidaten, die tiefsitzende homosexuelle Tendenzen haben, für das Priesteramt und zu den heiligen Weihen zugelassen werden sollen oder nicht."[33] Die Kirche kann demnach jene nicht zur Aufnahme in ein Seminar oder zur Priesterweihe zulassen,

„die Homosexualität praktizieren, tiefsitzende homosexuelle Tendenzen haben oder eine sogenannte homosexuelle Kultur unterstützen. Die genannten Personen befinden sich nämlich in einer Situation, die sie in schwerwiegender Weise daran hindert, korrekte Beziehungen zu Männern und Frauen aufzubauen. Die negativen Folgen, die aus der Weihe von Personen mit tiefsitzenden homosexuellen Tendenzen erwachsen können, sind nicht zu übersehen. Falls es sich jedoch um homosexuelle Tendenzen handelt, die bloß Ausdruck eines vor-

---

Maß Spuren, wenn die Kandidaten wieder in die Seminar- oder Konviktswelt zurückgekehrt sind." Vgl. Heinemann, Priesterausbildung, S. 761.
32 Heinemann, Priesterausbildung, S. 761.
33 Instruktion über Kriterien zur Berufungsklärung, S. 6.

übergehenden Problems, wie etwa einer noch nicht abgeschlossenen Adoleszenz sind, so müssen sie wenigstens drei Jahre vor der Diakonenweihe eindeutig überwunden sein."[34]

Dieser Positionierung ging eine längere Diskussion um die Eignung homosexueller Personen für das Priesteramt voraus, die bereits in den 1990er-Jahren begonnen hatte. Der Augsburger Pastoraltheologe Hanspeter Heinz hatte 1996 in den Raum gestellt, dass „die Zahl der gleichgeschlechtlich geprägten Männer in Priesterseminaren und im Klerus signifikant hoch ist"[35]. Damit war ein Thema in der theologischen und innerkirchlichen Diskussion gesetzt, das bis dahin kaum öffentlich behandelt worden war.

Spätestens der Skandal am Priesterseminar im österreichischen Sankt Pölten im Jahr 2004 hatte im deutschsprachigen Bereich die Frage nach dem Umgang mit homosexuellen Priesteramtskandidaten ins Licht einer breiteren Öffentlichkeit gerückt. Das Bekanntwerden homosexueller Beziehungen im St. Pöltener Seminar führte zunächst zur Einsetzung eines Päpstlichen Visitators und schließlich zur Schließung des Seminars. Fortan verbanden sich mit Priesterseminaren mehr als früher Pauschalverdächtigungen. Junge Männer, die in ein Seminar eintraten, sahen sich mit der von Altersgenossen oft sehr direkt formulierten Anfrage konfrontiert, ob sie schwul seien. Der St. Pöltener Skandal beförderte schließlich eine weitere problematische Verquickung: Ein Seminarist hatte zahlreiche pornografische Darstellungen aus dem Internet heruntergeladen, darunter auch Kinderpornografie. Homosexualität und Pädophilie rückten damit, obwohl in der Sache verschieden, in der medialen Wahrnehmung plötzlich eng zusammen.

Zwei gegenläufige Entwicklungen erschwerten die Situation für die Seminare zusätzlich. Zum einen wuchs die Akzeptanz von Homosexualität in der Gesellschaft rasch an, zum anderen verfestigte

---

34 Ebd., S. 8.
35 Vgl. Heinz, Homosexualität und geistliche Berufe, S. 681.

sich parallel dazu innerkirchlich im Blick auf Weihekandidaten eine eher restriktive Linie, wie sie sich in der Instruktion von 2005 schließlich manifestierte. Die Unsicherheit, wie und in welcher Form Sexualität allgemein und Homosexualität im Besonderen zu thematisieren sei, nahm weiter zu. Für die Priesterseminare hatten diese Entwicklungen weitreichende Folgen:

„Der Klerus hat etwas eigenartig Männerbündisches. Bisweilen zieht das homophile Stile an und fördert sie, was heute sichtbarer ist als früher. In manchen Seminaren und Klöstern dominieren diese Stile. Mancher homosexuelle Kandidat wird unter anderem deswegen Priester, weil er seine ungeliebte Anlage verdrängen will; mancher will sich dann als um so kirchentreuer erweisen, vielleicht Karriere machen. Mancher heterosexuelle Kandidat ist durch diese Stile irritiert und verlässt das Seminar.

Unklare Beziehungen zwischen Priestern werden leichter geduldet als die zwischen Priestern und Frauen – weil man meint, dass, was es nicht geben darf, nicht ist? Wird durch Tabuisierung die Subkultur nicht gefördert? Warum verbindet manches offizielle Dokument noch immer Homosexualität pauschal mit Unreife? Selbstverständlich gab und gibt es immer sehr gute homosexuelle Priester. Wie in allem macht sich die Kirche in diesen Fragen nur durch Respekt und Transparenz glaubwürdig."[36]

1.2.3 Zunehmende Bedeutung des „Forum internum"

Das *Forum internum*, im Priesterseminar wesentlich vertreten durch den Spiritual, ist eine wesentliche Komponente der Priesterbildung:

„Der Spiritual trägt die Verantwortung des Seminarkollegiums unter dem Blickpunkt der spirituellen Bildung mit. Er ist Begleiter und

---

36 Kiechle, Zuversicht im Niedergang?, S. 553f. Vgl. dazu auch Kessler, Interview „Sitzt, passt und hat Luft".

*Helfer der Studenten bei ihrem Bemühen, die Nachfolge Christi ein-
zuüben und miteinander christlich zu leben, bei ihrer Suche nach
dem eigenen geistlichen Weg und bei der Klärung ihrer Berufsfrage.
Dabei ist in jeder Weise sicherzustellen, dass seine Verschwiegenheit
unangetastet bleibt (Forum internum).*"[37]

Die Rolle des *Forum internum* innerhalb des Seminargeschehens
hat sich in den letzten Jahren deutlich gewandelt und dabei an Bedeutung gewonnen.[38] Erschöpfte sich die Rolle des Spirituals in
den 1970er-Jahren noch weitgehend im Beichtvater und Exer-
zitienmeister, so ist er heute häufig als geistlicher Begleiter und
Vertrauter in einer engeren Beziehung zu den Seminaristen.
Wenn überhaupt ein Seminarist Fragen seiner Sexualität mit einem Mitglied des Seminarkollegiums bespricht, dann geschieht
dies in der Regel bei dem zu Verschwiegenheit verpflichteten Spiritual oder geistlichen Begleiter. Erst recht gilt dies wohl für Seminaristen, die ihre tatsächliche oder vermutete Homosexualität thematisieren wollen – könnte ein solches Gespräch mit dem Regens
oder einem anderen Mitglied des *Forum externum* doch zum sofor-
tigen Ende der Priesterlaufbahn führen.[39] Umgekehrt ist es umstritten, ob der Regens überhaupt nach der Sexualität des Seminaristen fragen sollte bzw. darf:

---

37 Die deutschen Bischöfe, Rahmenordnung für die Priesterausbildung (2003), Nr. 61,
S. 45.
38 Vgl. zum Folgenden Michael Schneider, Die Unterscheidung von *forum internum*
und *forum externum* in der Priesterausbildung.
39 Allerdings nimmt die Instruktion von 2005 auch zur Rolle des Spirituals Stellung:
„Er hat die Pflicht, alle Eigenschaften der Persönlichkeit zu bewerten und sich zu vergewissern, dass der Kandidat keine Schwierigkeiten im sexuellen Bereich hat, die mit
dem Priestertum unvereinbar sind. Wenn ein Kandidat Homosexualität praktiziert
oder tiefsitzende homosexuelle Tendenzen hat, sind der Spiritual wie auch der Beichtvater im Gewissen verpflichtet, ihm abzuraten, weiter den Weg der Weihe zu beschreiten" (S. 10).

„Bleibt die Überlegung, ob ein Regens nach der sexuellen Veranlagung und nach möglichen sexuellen Erfahrungen und Praktiken des Kandidaten fragen darf. Hier gilt wohl dasselbe wie beim Bischof, dass sie nämlich mit einer solchen Fragestellung in das forum internum eingreifen. Solches Vorgehen kann bei den Seminaristen kaum die eigene Verantwortung und Ehrlichkeit im Umgang mit sich und der eigenen Berufung stärken, sondern wird eher ein diplomatisches Taktieren nach sich ziehen." [40]

Anlass der Formulierungen Michael Schneiders (der selbst Spiritual ist), ist ein zunehmendes Konfliktpotential zwischen Regenten und Spiritualen als Vertreter von *Forum internum* und *Forum externum*. Deren Zusammenarbeit kann „auf der zwischenmenschlichen Ebene zu einer Machtfrage werden"[41]. Hintergrund dieser Entwicklung scheint allerdings weder ein gewachsenes Machtbewusstsein des Spirituals auf der einen Seite zu sein noch ein Mangel an Vertrauen des Regens auf der anderen. Vielmehr findet sich ein Seminarist heute im Seminar in einem institutionellen Rahmen wieder, der in Anspruch, Zielsetzung und faktischer Ausprägung nicht immer plausibel, oft genug sogar widersprüchlich erscheint. Es ist nur zu verständlich, dass die daraus resultierenden Unsicherheiten von Priesteramtskandidaten zu einer verstärkten Einbindung des vertraulichen *Forum internum* in den Seminaralltag führen. Wird dadurch allerdings die Transparenz und Berechenbarkeit des Seminargeschehens gefährdet oder das Verhältnis zwischen Regens und Spiritual belastet, führt dies unvermeidlich zu einer weiteren Destabilisierung des Gesamtsystems Priesterseminar.

---

40 M. Schneider, Die Unterscheidung von forum externum und forum internum, S. 412.
41 Ebd.

1.2.4 Der Missbrauchsskandal 2010 und seine Folgen

Im Januar 2010 wandte sich der Rektor des Berliner Canisius-Kollegs Klaus Mertes in einem Brief an ehemalige Schüler des Gymnasiums, in dem er sich für das Fehlverhalten zweier Patres entschuldigte, die an der Schule während der 1970er- und 1980er-Jahre tätig waren und sich jahrelang systematisch an Schülern vergangen hatten.[42] In der Folge wurden zahlreiche Fälle von Missbrauch Minderjähriger in staatlichen und kirchlichen Einrichtungen bekannt. Was oft über Jahrzehnte verschwiegen oder vertuscht worden war, kam nun mit voller Wucht auf die Kirchen zu. Im Fokus standen dabei besonders die Vergehen von Priestern und Ordensleuten, die an ihrem hohen moralischen Anspruch gemessen wurden, der in krassem Gegensatz zu ihrem Fehlverhalten stand. Der Missbrauchsskandal war die größte Vertrauenskrise, die die katholische Kirche in der Bundesrepublik bis dahin erlebt hatte und traf sie ins Mark. Ein halbes Jahr nach Beginn des Skandals legte das Institut für Demoskopie Allensbach dessen Folgen für die katholische Kirche offen. Es zeigte sich vor allem ein enormer Ansehensverlust der Priester:

„Die breite Berichterstattung über Kindesmissbrauch hat in weiten Teilen der Bevölkerung zu dem Eindruck geführt, dass es sich um ein in der katholischen Kirche weit verbreitetes Phänomen handelt. Obwohl die berichteten Fälle eine kleine Minderheit der Priester betreffen und überwiegend Jahrzehnte zurückliegen, halten heute 47 % der gesamten Bevölkerung Kindesmissbrauch durch katholische Priester für häufig, während nur 36 % von einem Fehlverhalten einer Minderheit ausgehen."[43]

---

42 Vgl. J. Anker/M. Behrendt, „Das Schweigen muss gebrochen werden. Über Jahrzehnte hinweg sind Schüler eines Berliner Elitegymnasiums von Lehrern sexuell missbraucht worden.", in: Berliner Morgenpost vom 28.01.2010.

43 Vgl. Renate Köcher, Schwere Zeiten für die Kirchen, in: Frankfurter Allgemeine Zeitung vom 23.6.2010, S. 5. Daniel Deckers wies darauf hin, dass das praktisch gleichzeitige Bekanntwerden von Missbrauchsfällen vieler Jahrzehnte eine verzerrte Wahrnehmung

Der Schock über den Skandal saß tief. Die Auswirkungen konnten nur erahnt werden. Das „Jahr des Priesters", das Papst Benedikt für 2009/2010 ausgerufen hatten, verpuffte mitsamt den zahlreichen Veröffentlichungen, die dazu auf den Markt gekommen waren.

In den Folgejahren half es nur wenig, dass eine im Jahr 2013 veröffentlichte Studie, die die Deutsche Bischofskonferenz nach dem Missbrauchsskandal in Auftrag gegeben hatte, bestätigte, dass Priester nicht in höherem Maße als die Allgemeinbevölkerung pädophil veranlagt oder sexuell unreif seien.[44] Das Ansehen der Kirche und vor allem der Priester wurde dauerhaft beschädigt.[45] Es bleibt zumindest ein Generalverdacht der Fragwürdigkeit priesterlicher Existenz[46], der durch die weithin weder vermittelbare noch verstandene Forderung der zölibatären Lebensweise verschärft wurde.

Priesterseminare können sich alldem nicht entziehen. Bewegte sich das Vorurteil „alle Priester(amtskandidaten) sind schwul" noch in einem einigermaßen beherrschbaren Rahmen, in dem kirchlicher Distanz wachsende gesellschaftliche Toleranz gegenübersteht, so wirkt der Verdacht „Priester(amtskandidaten) sind wohl nicht selten pädophil" als endgültiges und vernichtendes Ver-

---

zufolge hatte: Ein Zeitraum von fünfzig Jahren erscheine wie ein Tag, „und jeder Versuch zu differenzieren als Ausdruck systemimmanenter Ignoranz." Vgl. Deckers, Kommentar „Sündenbock" in: Frankfurter Allgemeine Zeitung vom 12.3.2010.

44 Vgl. Andreas Zimmer u. a., Sexueller Kindesmissbrauch in kirchlichen Institutionen; vgl. auch Foitzik, Normal. Eine Studie zum sexuellen Missbrauch durch Priester, S. 5.

45 Der Missbrauchsbeauftragte der Bischofskonferenz Bischof Stephan Ackermann formulierte in einem Interview (2014): „Bei der Diskussion in der Öffentlichkeit nehme ich nach wie vor ein Negativ-Image der Kirche wahr. Nicht nur die Vergehen der Täter, die Verbrechen, sind verheerend, sondern auch die Art und Weise, wie die Kirche das Thema in der Vergangenheit angepackt hat. Bis heute haben die Menschen Zweifel, ob wir dazugelernt haben." Orth, „Kultur der Achtsamkeit", S. 450.

46 Ottmar Fuchs bezeichnet die Situation der Priester treffend „prekär" in der Bedeutung unsicher, schwierig, heikel: „Von nun an ist das Image des Klerus nicht mehr rechtlich abgesichert, sondern selbst aufs „Bitten", auf den Vertrauenskampf angewiesen, den Menschen gegenüber, aber auch Gott gegenüber." Fuchs, Klerus im Verlust der Heiligkeit, S. 45.

dikt über den Priesterstand und die, die sich überlegen, in ihn einzutreten. Hier liegt für nicht wenige Interessenten am Priesterberuf die eigentliche Hürde.[47] Allein schon der Eintritt in ein Seminar kann die Priesteramtskandidaten Verdächtigungen aussetzen und einen schwer lastenden Rechtfertigungsdruck schaffen. Eine große, starke Gemeinschaft, die in einer solchen Situation tragen würde und in der man Halt finden könnte, treffen die Priesteramtskandidaten nur noch selten an. Vielmehr entwickelt sich ein starker Identifikationsdruck von außen. Das Seminar wird als zentrale kirchliche Institution wahrgenommen und die Bewohner als Vertreter der Institution Kirche. Kardinal Karl Lehmann hat auf einen interessanten Zusammenhang hingewiesen, noch während die Enthüllungen des Missbrauchsskandals in vollem Gange waren:

„In der gegenwärtigen Diskussion über sexuelle Übergriffe auf Kinder fällt eine Besonderheit auf: Der Ruf nach Verantwortung und Wiedergutmachung, nicht zuletzt auch nach Entschädigung, richtet sich sehr oft allein an die Institutionen. Bei dem Ausmaß der [...] Enthüllungen ist das in gewisser Weise verständlich. Die Häufung der Fälle betrifft zweifellos auch in vielen Dimensionen die Institution Kirche. Dennoch überrascht, wie wenig vom einzelnen Täter und seiner Verantwortung die Rede ist [...] Aber man sucht ja schon lange Schuld zuerst beim Kollektiv und fast immer beim System."[48]

---

47 2003 stellten R. Bucher und B. Körner ein offenkundiges „Dahinschwinden der Machtbasis" der Priester und ein „Anerkennungsdefizit seiner Berufsrolle" fest. „Das daraus unmittelbar resultierende Attraktivitätsdefizit des Priesterberufs [...] ist ein wesentlicher Grund für die rapide sinkenden Bewerberzahlen." (Bucher/Körner, Priestertum, S. 205f). Heute scheinen mir derartige strukturelle (De-)Motivationen seltener ausschlaggebend für die Entscheidung zum Priesterberuf und einen (Nicht-)Eintritt in ein Seminar zu sein. Die meist implizite, aber doch wirkmächtig im Raum stehende Frage nach der sexuellen Orientierung spielt dagegen eine wesentlich bedeutendere Rolle als noch vor zehn Jahren.

48 Lehman, Kirche der Sünder, Kirche der Heiligen, in: Frankfurter Allgemeine Zeitung vom 1.4.2010, S. 6.

Es half im weiteren Verlauf wenig, dass die Diözesen eine umfassende Aufklärung und Aufarbeitung einleiteten und darauf verwiesen, dass es bereits seit 2002 Leitlinien „Zum Vorgehen bei sexuellem Missbrauch Minderjähriger durch Geistliche im Bereich der Deutschen Bischofskonferenz" gab, die „ihre Feuerprobe gut bestanden"[49] hätten. Die Missbrauchsfälle wurden tatsächlich in erster Linie der Institution Kirche angelastet, weil sie nicht in der Lage sei oder sein wolle, diese zu verhindern. Greifbar wurde diese Institution jenseits der medialen Präsenz von Kirche weniger in der eigenen Pfarrgemeinde vor Ort, die oft vertraut und ansprechbar war und meist auch transparent erschien. Mit voller Wucht traf das Misstrauen dagegen kirchliche Einrichtungen, die in besonderem Maße für die Institution Kirche standen – wie zum Beispiel das Priesterseminar. Der Anachronismusverdacht gegen die Institution Kirche allgemein übertrug sich damit auch auf die Seminare.[50]

1.3 Priesterbildung und Bologna-Studienreform

1.3.1 Die Bologna-Studienreform und ihre Auswirkungen auf die Katholisch-Theologischen Fakultäten

Eine weitere Herausforderung für die Priesterseminare entstand durch die Studienreform des sogenannten „Bologna-Prozesses", der das Theologiestudium der Priesteramtskandidaten nachhaltig veränderte und sich damit auch auf die Konzeption der Priesterseminare auswirkte.

---

49 Ebd.
50 Zu den Auswirkungen und Konsequenzen des Missbrauchsskandals auf die Priesterseminare vgl. das Interview mit dem Mainzer Regens und Vorsitzenden der Deutschen Regentenkonferenz Udo Bentz (2015) „Es ist Sensibilität gewachsen", www.katholisch.de vom 23.3.2015 (aufgerufen März 2015).

Im Jahr 1999 einigten sich zunächst 29 europäische Länder[51] in Bologna auf einen Reformprozess, der einen gemeinsamen Hochschulraum etablieren sollte. Die Bologna-Erklärung hatte es sich zum Ziel gesetzt, die europäischen Studiensysteme vergleichbarer zu machen, die Mobilität Studierender und Lehrender zu erhöhen und die Wettbewerbsfähigkeit der europäischen Hochschulen zu fördern.[52] Die strukturellen Vorgaben des Prozesses hatten insbesondere auch für Deutschland einen „radikalen Umbau des Studiensystems"[53] zur Folge. Eine wesentliche Vorgabe der Bologna-Erklärung war ein generell zweistufiges Studiensystem, dessen erster Abschluss bereits berufsqualifizierend und für eine Fortsetzung des Studiums Voraussetzung sein sollte. Die Leistungserfassung und -bewertung erfolgte nicht mehr nur über Noten, sondern anhand eines Punktesystems (ECTS-Punkte). Die Entscheidung für einen konsekutiven Aufbau der Studiengänge mit den nacheinander zu absolvierenden Abschlüssen Bachelor und Master hatte zur Folge, dass Studieninhalte anders strukturiert wurden. Die gerade auch für die Theologie typische Verortung der Fächer entweder im Grund- oder im Hauptstudium wurde ersetzt durch eine Modularisierung der Inhalte, die fächerübergreifende Verbindungen schaffen und themenorientiert ausgerichtet sein sollte.

Im Jahr 2003 wurde der Heilige Stuhl als neues Mitglied in den Bologna-Prozess aufgenommen.[54] Dadurch ergab sich für die deutschen Diözesen und die Katholisch-Theologischen Fakultäten aufgrund staatskirchenrechtlicher Besonderheiten ein komplexer Klärungsprozess. In welchem rechtlichen Rahmen waren die neuen

---

51 Im weiteren Verlauf traten insgesamt 47 Länder dem Vertrag bei.

52 Vgl. Gemeinsame Erklärung der Europäischen Bildungsminister vom 19.6.1999 in Bologna, abgedruckt in Hallermann, Katholische Theologie im Bologna-Prozess, S. 139–141.

53 Vgl. Becker, So schlecht wie sein Ruf?, S. 415.

54 Vgl. dazu Obervations of the Holy See on becoming a signatory member of the „Declaration of Bologna", abgedruckt bei Hallermann, Katholische Theologie im Bologna-Prozess, S. 193–209.

Studiengänge zu gestalten? Zu Staat, Universität und Fakultät, die normalerweise an den Neuordnungen der Studiengänge beteiligt waren, trat in diesem Fall die Kirche als gleichberechtigter Verhandlungspartner hinzu.[55] Da außer Frage stand, dass die kirchenrechtlichen Vorgaben für das Theologiestudium, wie sie grundlegend in der Apostolischen Konstitution *Sapientia Christiana* und auf nationaler Ebene etwa in der Rahmenordnung für die Priesterbildung festgelegt waren, auch weiterhin gelten sollten, ergaben sich für die katholisch-theologischen Abschlüsse einige auffällige Sonderregelungen. So ist der für die Priesterausbildung relevante theologische Vollabschluss als „Magister theologiae" weiterhin einzügig und nicht konsekutiv eingerichtet. Eine weitere Folge der Sondersituation Katholischer Fakultäten war die Errichtung einer eigenen kirchlichen Agentur AKAST, die in Trägerschaft der Deutschen Bischofskonferenz die Akkreditierung der Studiengänge und damit die Qualitätssicherung im Sinne des Bologna-Prozesses übernahm.

Von Anfang an gab es vor allem auch von Seiten der Geisteswissenschaften harsche Kritik an der Hochschulreform.[56] Die Liste der Vorwürfe, teils berechtigt, teils Folge einer überhasteten Einführung eines komplexen Systems, war lang: Verschulung des Studiums mit exakten Vorgaben des Stundenplans, Anwesenheitspflicht statt Freiheit in der eigenen Studiengestaltung, zu viele und zu häufige Prüfungen, zu wenig Zeit für Selbststudium und Vertiefung.[57] Schärfster Kritiker auf katholischer Seite war Marius Reiser, der seine Professur an der Katholisch-Theologischen Fakultät in Mainz im Jahr 2009 aus Protest gegen die Studienreform zurückgab.[58] Er

---

55 Vgl. dazu auch Hagemeister, Akkreditierung katholisch-theologischer Studiengänge, S. 113ff.

56 Vgl. z. B. Drobner, Zwei plus drei ist nicht gleich drei plus zwei; Ders., Bologna und die Kirchenväter; Kohler, Bolognese für alle.

57 Vgl. Becker, So schlecht wie sein Ruf?, S. 416.

58 Vgl. Reiser, Warum ich meinen Lehrstuhl räume. Gegen die Selbstauflösung der deutschen Universität durch Verwandlung in eine Lernfabrik, in: Frankfurter Allgemeine Zeitung vom 20.1.2009. Vgl. auch Becker, So schlecht wie sein Ruf?, S. 415.

warf der Reform vor, sich an Grundsätzen des Utilitarismus auszurichten:

> *„Heute redet man von der Ökonomisierung der Bildung, und es sieht*
> *so aus, dass hinter dem Bologna-Prozess vor allem wirtschaftliche Inte-*
> *ressen stehen. Die Leitbegriffe in den Bologna-Dokumenten stammen*
> *nicht von ungefähr aus der Wirtschaft: Wettbewerb, Normierung,*
> *Standardisierung, Evaluierung, Quantifizierung, Modularisierung,*
> *Qualitätsmanagement und Effizienz. Unter ‚Wissen‘ versteht man im*
> *‚Europa des Wissens‘ häufig nurmehr verwertbare Informationen, die*
> *wie Geld verwaltet und verkauft werden. [...] Die Frage nach der Ver-*
> *wertbarkeit hat bereits zur Rede vom ‚Humankapital‘ geführt, in das*
> *man ‚investieren‘ will, um Gewinn zu machen. Damit ist das klassi-*
> *sche Menschenbild und die Vorstellung einer Menschenwürde, die der*
> *Mensch als Mensch hat, aufgegeben. Man könnte auch sagen: Das ist*
> *das antichristliche Menschenbild schlechthin."*[59]

Wenn auch die Mehrheit der Theologielehrenden und -studieren-
den das Ausmaß dieser vernichtenden Kritik nicht teilte, stieß die
Reform tatsächlich – wie insgesamt bei den Geisteswissenschaften –
auf wenig Gegenliebe. Bei allen Gestaltungsmöglichkeiten, die das
neue System bot, kam es aufgrund einer höheren Anzahl von Veranstaltungen und Prüfungen sowie teils ausgeweiteten Anwesen-
heitspflichten zu einer faktischen Mehrbelastung für Lehrende und
Studierende.

1.3.2 Die Rückkopplungen der Studienreform auf die Priesterseminare

Der Systemwechsel im Theologiestudium stellte die Priesterseminare vor große Herausforderungen. Der für Priesteramtskandidaten maßgebliche Studiengang zum „Magister theologiae" war –
wie alle neuen Studiengänge – auf Basis eines sogenannten „work-

---

59 Vgl. Reiser, Newmans Idee der Universität und der Bologna-Prozess, S. 125.

Annäherungen

load" konzipiert, der ein bestimmtes Zeit- und Arbeitspensum als Regelgröße vorgab. Das Studium wurde damit zum „Vollzeitjob", der zunächst keine anderen parallel verlaufenden Ausbildungssituationen vorsah. Die Voraussetzungen für das gemeinschaftliche Leben und die internen Programme der Priesterseminare wurden damit schwieriger, die zur Verfügung stehenden Zeiträume kleiner. Komplexere Stundenpläne erschwerten es zudem, in Zusammenarbeit mit den Fakultäten Zeiten im Wochenablauf zu finden, an denen sich die Seminaristen etwa zu Gottesdiensten oder zu den Mahlzeiten als Gemeinschaft treffen konnten. Gleichzeitig waren die Fakultäten selbst häufig unter Druck, den vielfältigen internen und externen Anforderungen gerecht zu werden, unter denen ihre Studienprogrammgestaltung stand. Nicht vergessen werden darf hierbei, dass bei aller konkordatsrechtlichen Relevanz die Gruppe der Priesteramtskandidaten innerhalb der Gesamtgruppe aller Theologiestudierenden meist nur sehr klein ist.

Dennoch bot der Bologna-Prozess für die Seminare auch neue Gestaltungsmöglichkeiten. So war es bei der Modularisierung der Studiengänge möglich, dass Seminare eigene Veranstaltungen in sogenannte berufsfeldorientierende Module des Vollstudiengangs einbringen konnten. Auf diese Weise ist es den Seminaristen möglich, in Kooperation mit einzelnen Lehrstühlen für verpflichtende Veranstaltungen des Seminares, wie z. B. Praktika oder kirchenmusikalische Ausbildungselemente, ECTS-Punkte zu erhalten. An einigen Seminarstandorten gelang es auf diese Weise, einen Großteil des vom *Forum externum* verantworteten Programms im Studiengang der Fakultät anrechenbar zu machen. Aus Sicht der Seminaristen sind diese umfangreichen Vereinbarungen aber nicht in jedem Fall von Vorteil, da ihre Wahlmöglichkeiten innerhalb der berufsfeldorientierenden Module umso begrenzter sind, je mehr Veranstaltungen von Seiten des Seminars verpflichtend vorgegeben werden.

Eine weitere Schwierigkeit ergab sich bei der Gestaltung der für Priesteramtskandidaten nach wie vor verpflichtenden Externitas, d. h. des verpflichtenden auswärtigen Studienjahres an einer

38

anderen in- oder ausländischen Fakultät. Hintergrund ist die Entwicklung, dass entgegen der ursprünglichen Absicht der Bologna-Erklärung die Mobilität der Theologiestudierenden nach der Studienreform deutlich erschwert wurde. Während ein endgültiger Studienortwechsel meist vergleichsweise einfach zu planen ist und die Anerkennungspraxis meist keine größeren Probleme aufwirft, ist es aufgrund unterschiedlicher Ausgestaltungen der Modulhandbücher und verschiedener Prüfungsanforderungen an vielen Fakultäten deutlich schwieriger als früher, ein Auswärtsjahr zu absolvieren und danach an die Heimatfakultät zurückzukehren. Dieser Umstand führte dazu, dass sich der Anteil der Theologiestudierenden, die ein klassisches Auswärtsjahr absolvieren, deutlich verkleinert hat und mitunter nur noch die Priesteramtskandidaten umfasst, für die die Externitas verpflichtend ist.[60] Das Gegenteil dessen, was sich der Bologna-Prozess erhofft hat, ist eingetreten. Für Priesteramtskandidaten bedeutet die verpflichtende Externitas in der Regel, dass sie ihren Studienablauf anders und meist aufwendiger planen müssen als viele ihrer „frei" studierenden Kommilitonen, die zudem Zeitpunkt und Dauer des Auswärtsjahres oder -semesters frei wählen können. Zieht man außerdem noch in Betracht, dass Priesteramtskandidaten oft nicht frei über die Wahl eines Zweitstudiums entscheiden können, sind sie in ihrem Studienverlauf deutlich eingeschränkt. Für einen Theologiestudenten, der eine Berufung zum Priesteramt in sich verspürt und sich den Schritt ins Seminar überlegt, kann diese Konstellation zumindest insofern entscheidungsrelevant sein, als er seinen Eintritt ins Seminar eher noch aufschiebt, um sein Studium freier gestalten zu können.

---

60 Basis dieser Angabe sind Beobachtungen der Studienberatungen einiger deutscher Fakultäten.

1.4 Das Seminar als Projektionsfläche kirchlicher Identitätskrisen

1.4.1 Eine Institution in der Krise – eine Krise der Institution

Priesterseminare gehören in der inner- und außerkirchlichen Wahrnehmung zu den profiliertesten Institutionen innerhalb der Kirche und der jeweiligen Diözese. Sie stehen damit in besonderem Maße für „die Kirche" und „die Diözese". In anderen Bereichen des kirchlichen Lebens gibt es gegenläufige Entwicklungen. Die katholische Sozialstation, der katholische Kindergarten der Kirchengemeinde oder die Beerdigung eines Angehörigen durch den Pfarrer werden oft nicht als integrierte Orte oder Handlungen „der Kirche" wahrgenommen, sondern als persönlich erlebbare, dienstleistende, menschenzugewandte Kirchengemeinde vor Ort. Konsequenz einer derartigen, mitunter auch als „horizontale Spaltung"[61] von Kirche bezeichneten Kluft ist eine Distanzierung von „der Kirche" als abstrakt wahrgenommener Institution. So wird es verständlich, dass, wie z. B. im Missbrauchsskandal geschehen, argumentiert wird, die Kirche als Institution habe komplett versagt. Gemeint ist: Die Kirchenleitungen und deren Verantwortliche haben versagt. Wer heute „Institution" sagt, meint den personell schlecht fassbaren „Apparat" der Kirche, der weit weg in der Bischofsstadt oder in Rom sitzt und vermeintlich weithin versagt. Die Kirche wird folglich nur noch in einem Bruchteil ihrer Sozialformen als solche wahrgenommen.[62] Als Institution wird Kirche folglich auch dann negativ konnotiert, wenn es in konkret erlebbaren Orten von Kirche positive Erfahrungen gibt.

Priesterseminare schaffen damit schon alleine in ihrer offensichtlichen Eigenschaft als zentrale kirchliche Institution eine Dis-

---

61 Mit zuerst hat Rupert Lay diesen Begriff geprägt. Vgl. Lay, Nachkirchliches Christentum. Der lebende Jesus und die sterbende Kirche, Düsseldorf 1996.
62 Ähnliche Tendenzen werden – freilich auf anderer ekklesiologischer Grundlage – auch in der evangelischen Kirche festgestellt. Vgl. Ludwig, Holger, Von der Institution zur Organisation: eine grundbegriffliche Untersuchung zur Beschreibung der Kirche in der neueren evangelischen Ekklesiologie, Leipzig 2010.

tanz. Sie repräsentieren in einem Umfeld, in dem lokale Sozialformen von Kirche oft eigene, positiv besetzte Identitäten entwickeln, das „System" Kirche schlechthin mit allen pauschalen Verdachtsmomenten, die sich damit verbinden: Reformunfähigkeit, Abgeschlossenheit, anachronistische Grundsätze, Fixierung einer machtorientierten Hierarchie. Es stellt sich die Frage, wie eine konzeptionelle Weiterentwicklung der Priesterseminare dieser Wahrnehmung entgegenwirken kann.

1.4.2 Seminar und priesterliche Identität

Die Krise des Priesterseminars ist wesentlich auch eine Krise des Priesteramtes in der Kirche. Die Frage, welches Priesterbild für die Prägung von Form und Programm der Seminare heute relevant ist, wird an anderer Stelle ausführlicher behandelt werden. Hier ist jedoch ein Hinweis auf eine widersprüchliche Entwicklung der priesterlichen Identität wichtig, die Karsten Erdmann schon 2005 treffend formulierte:

„Auf der einen Seite erwartet die Kirche von dem, der sich auf den Weg der priesterlichen Existenz begibt, eine so weitgehende Verfügbarkeit, wie sie in kaum einem anderen Beruf üblich ist, eine Verfügbarkeit, die [...] in einer Weise in die persönliche Lebensgestaltung eingreift, wie es nach den Normen des kulturspezifischen Wertegefüges, in dem wir leben, durchaus unüblich und in deren Rahmen kaum zu vermitteln ist. Mit der Forderung des zölibatären Lebens bringt die Kirche zum Ausdruck, dass der priesterliche Weg der Nachfolge Christi etwas Besonderes, in jeder Hinsicht Ungewöhnliches ist, an dem auch der Priesteramtskandidat – wenn auch nicht in voller Verbindlichkeit – schon Anteil hat. Gleichzeitig aber – und hier entsteht die Ambivalenz – wird auf allen Ebenen der Ausbildung signalisiert: Der Priester ist heute nichts „Besonderes", er steht auf keinem „Sockel", sondern hat, wenn auch Kraft der Weihe auf spezielle Weise, Anteil am gemeinsamen Priestertum aller Gläubigen. So wird dem zukünftigen Priester die widersprüchliche Botschaft über-*

mittelt: ‚Du bist etwas Besonderes – aber etwas Besonderes bist Du nicht.‚[63]

Diese priesterliche Identitätskrise manifestiert sich sinnbildlich und greifbar in den Priesterseminaren und Theologenkonvikten, die – oft schon durch die massive Präsenz riesiger Gebäude – unbestritten im Umfeld der Theologenausbildung und der Katholischen Fakultäten etwas Besonderes sind, verknüpft mit hohen Ansprüchen einerseits und Privilegien wie kostengünstiger Rundumversorgung andererseits. Seminare symbolisieren damit offene Fragen rund um Amt, Leitung und Hierarchie in der Kirche, letztlich auch um den strukturellen und theologischen Rahmen des Selbstvollzugs der Kirche ganz allgemein. Die Aufmerksamkeit, die den wenigen Seminaristen und ihrem Lebensalltag infolge zukommt, ist enorm. Wie bei allen Identitätskrisen ist schließlich die Gefahr von Ideologisierungen groß. Bei Seminaren bilden sie sich auf die unterschiedlichste Weise, von innen provoziert oder von außen aufgedrängt, von der versuchten zeitenthobenen Überhöhung des Seminars bis hin zur radikalen Infragestellung seiner Existenz. Für die Priesteramtskandidaten bedeutet diese Entwicklung eine völlige Überforderung, da sie sich – selbst noch mitten im von Unsicherheiten geprägten Berufungsprozess – plötzlich als zentrale Figuren einer Identitätskrise wiederfinden, deren Kern sie oft noch gar nicht verstehen. Das Seminar wird in solchen Fällen zum Gegenteil dessen, was es eigentlich sein sollte: kein Raum, der die Klärung der eigenen Berufung fördert, sondern umstrittener Fokus einer Identitätskrise.

1.4.3 Seminar und Zölibat

In weiten Teilen unserer Gesellschaft stößt der Zölibat auf völliges Unverständnis. Er wird in der Regel als zutiefst anachronistisch empfunden. Dem Zölibat kommt damit eine Bedeutung zu, die sein eigentliches Wesen immer mehr überlagert: Er ist in der Öffentlich-

---

63 Vgl. Erdmann, Paradoxien, S. 201.

keit zu einem prägenden Merkmal der katholischen Kirche geworden und dient häufig als Symbol für deren Reformunfähigkeit.[64] Der Missbrauchsskandal 2010 hat zu einem weiteren Rückgang der innerkirchlichen wie außerkirchlichen Akzeptanz des Zölibats geführt. Zwar gibt es keinen direkten Zusammenhang zwischen zölibatärer Lebensweise und Missbrauch bzw. pädophiler Neigung. Der Skandal verstärkte jedoch den Eindruck, die Kirche hätte ein grundsätzliches Problem mit Fragen der Sexualität. Dieser Eindruck machte sich in besonderer Weise am Zölibat fest. Er wurde zum Verdachtsindiz einer nicht geklärten und risikoreichen Sexualität des Priesters. Eine freiwillige Entscheidung eines Priesteramtskandidaten zu einem zölibatären Leben erschien nun endgültig spektakulär und suspekt zugleich. Das Seminar wurde damit zur institutionalisierten Projektionsfläche der zahlreichen Spannungen in Fragen der Sexualität, die sich in der Kirche entwickelt hatten. Im Mittelpunkt standen ausgerechnet meist junge, manchmal noch jugendliche Priesteramtskandidaten, die sich mitunter noch selbst ihrer sexuellen Identität bewusst werden mussten – und sich nun als prominente Vertreter einer zölibatären Existenz wiederfanden, für die sie sich ja noch gar nicht endgültig entschieden hatten.

Diese Entwicklung machte es den Seminaren noch schwerer, Fragen rund um Zölibat und Sexualität zu thematisieren, als es ohnehin schon war. Die Tendenz, Themen wie Sexualität und Homosexualität in Curricula zu verlagern, die von außen kommende Experten, oft Pastoralpsychologen, durchführten, nahm zu. Die oben bereits angesprochene, oft (verständlicherweise) durch Seminaristen selbst vehement eingeforderte Verlagerung dieser Ausbildungsinhalte ins *Forum internum* bringt die Gefahr einer gefährlichen Aufspaltung mit sich: Handfeste praktische Fragen rund um Sexualität gehören ins *Forum internum*, dem *Forum externum* kommt es allenfalls noch zu, den Zölibat als geistlichen Anspruch

---

64 Vgl. G. Schneider, Lebensform Zölibat; Zur Geschichte und Legitimation des Zölibats vgl. Stefan Heid, Zölibat in der frühen Kirche, Paderborn 1997.

zu formulieren. Das klassisch konzipierte Seminar kann somit immer weniger die Aufgabe erfüllen, eine Klärung und Reifung der Sexualität der Seminaristen zu ermöglichen und in eine geistlich fundierte und gereifte zölibatäre Lebensweise einzuführen.

1.4.4 Seminar und Studium

Die Schwierigkeiten, die sich im Rahmen des Bologna-Prozesses für die Seminare ergaben, sind ein Symptom dafür, dass das Zusammenspiel zwischen Priesterseminaren und Fakultäten komplizierter wird. Der Bologna-Prozess war hierbei weniger Auslöser als Katalysator einer Entwicklung, die schon länger anhält. Die Katholisch-Theologischen Fakultäten, die im Vollstudiengang noch vor wenigen Jahrzehnten vor allem künftige Priester ausbildeten, sehen sich inzwischen mit einer Vielfalt an Berufszielen der Studierenden konfrontiert, die unterschiedliche Profile und Studienschwerpunkte erfordern.[65] Ist die Fakultät an einer Universität verortet, stellen Strukturreformen zusätzliche neue Anforderungen an Organisation, Finanzierung und Studienprogramme der Fakultäten, die außerdem häufig innerhalb der Universität an Bedeutung verlieren, weil sie relativ zur Gesamtstudentenzahl betrachtet kleiner werden. Die Priesterseminare wiederum haben bei immer kleiner werdenden Kommunitäten Mühe, ein adäquates Haus- und Ausbildungsprogramm parallel zum Studium zu etablieren.

Bemerkenswerterweise hat diese Konstellation nicht dazu geführt, dass das Zusammenwirken von Priesterseminaren und Fakultäten in der Priesterausbildung in Frage gestellt wird. Vielmehr kommt es immer wieder zur ausdrücklichen Wertschätzung und Bejahung dieses Systems. Von Seiten der Priesterseminare mag dabei auch die Tatsache eine wesentliche Rolle spielen, dass dieses duale Ausbildungssystem zu einem automatischen und ausdrücklich gewünschten Kontakt der Priesteramtskandidaten mit Studierenden anderer Fächer oder mit anderen Berufszielen führt.

---

65 Vgl. Mette, Theologie lernen als Bildungsprozess, S. 141.

Aus Sicht der Priesteramtskandidaten (und auch der am Priesteramt Interessierten) kann eine parallele Verortung in Seminar und Fakultät freilich deutliche Einschränkungen im Studienverlauf mit sich bringen: Ein Zweitstudium bedarf der zusätzlichen Genehmigung des Seminars und ist durch ein eventuelles Auswärtsjahr oft schwer zu realisieren, die Wahlmöglichkeiten in berufsfeldorientierenden Modulen können durch Vorgaben des Seminars eingeschränkt sein und der Rahmen der Praktika ist vorgegeben. Das von den Regenten und Direktoren der Seminare häufig noch immer wenig geliebte Phänomen der „Quereinsteiger", d. h. Theologiestudenten, die sich erst im Verlauf des Studiums oder nach dessen Abschluss zur Aufnahme im Seminar bewerben, hat abgesehen vom Prozess der persönlichen Berufungsklärung in diesen eingrenzenden Vorgaben für den Studienverlauf eine wesentliche Ursache. Das Seminar findet sich damit in der Rolle wieder, dass es die Möglichkeiten des Theologiestudiums bzw. der gesamten universitären Ausbildung einschränkt und aus Sicht der Priesteramtskandidaten mitunter als Korsett empfunden werden kann.

1.4.5 Ist das Seminar noch zu retten?

Sind Priesterseminare noch das „Herz der Diözese" oder kann man dieses Prädikat des Konzils getrost der Romantisierung vergangener Generationen zurechnen? Fest steht, dass Seminare unter einem enormen innerkirchlichen und gesellschaftlichen Druck stehen. Seltsamerweise äußert sich dieser innerkirchlich weniger als Veränderungsdruck denn als schiere Existenzfrage: Entweder ein Seminar besteht irgendwie so weiter wie bisher und kann sich trotz sinkender Zahlen von Priesteramtskandidaten halten, oder es wird geschlossen. Im Folgenden soll jenseits dieser beiden Alternativen nach dem Reformpotenzial des Priesterseminars gefragt werden und nach innovativen Formen der Seminarkonzeption, die sich daraus ergeben können.

2
Der historische Kontext:
Das Priesterseminar als Institution der Reform

2.1 Das Trienter Seminardekret

2.1.1 Priesterausbildung vor dem Tridentinum

In seiner institutionellen Prägung und vor allem auch in der ideellen Bedeutung ist das Priesterseminar in hohem Maße durch historische Entwicklungen und Konstellationen geprägt. Es ist kaum möglich, das Reformpotenzial der Institution Priesterseminar zu erheben, ohne diese geschichtlichen Hintergründe als wesentlichen theologischen Ort mit in Betracht zu ziehen und ernst zu nehmen.

Fixpunkt einer solchen Untersuchung ist das sogenannte „Seminardekret" des Konzils von Trient, das 1563 als zentrale Maßnahme zur Reform der Priesterausbildung die Voraussetzungen für die Einrichtung von Priesterseminaren schuf und darüber hinaus überhaupt den Begriff „Seminar" erst in der Bedeutung prägte, die ihm heute zukommt.[1] Bis zum Konzil von Trient bot sich ein denkbar heterogenes Bild der Priesterausbildung, für die noch keine allgemeinen kirchlichen Normen über eine besondere institutionelle Verortung existierten.[2] Bei einem generell sehr schlechten Ausbildungsniveau der Diözesanpriester gab es unterschiedlichste An- und Bildungswege. Oft genügte es, wenn die Priester vor der Weihe nachweisen konnten, dass sie das rein praktische Wissen beherrschten, das zur Feier der heiligen Messe und zur Spendung der Sakramente notwendig war. Eine theologische Ausbildung fand in diesen Fällen gar nicht statt. Berühmt geworden

---

1 Vgl. Garhammer, S. 20–25.
2 Vgl. Bitterli, Das Priesterseminar, S. 5f.

ist die Aussage eines süditalienischen Bischofs, der auf dem Konzil bekannte, dass für seinen Klerus das Paternoster genüge.[3] Schon seit dem Hochmittelalter hatten die aufkommenden Bettelorden mehr und mehr die Seelsorge in den Städten übernommen, wo das Bildungsniveau und damit auch der theologische Anspruch an Gottesdienst und Predigt zugenommen hatte. Ordensgemeinschaften wie die Dominikaner und die Franziskaner verfügten über bessere Ausbildungsmöglichkeiten und waren dem Weltklerus meist deutlich überlegen.[4] Auf dem dritten und vierten Laterankonzil (1179/1215) wurde versucht, dem Bildungsnotstand im Diözesanklerus dadurch zu begegnen, dass die Anstellung eines Magisters an den Kathedralkirchen und schließlich an allen Kirchen vorgeschrieben wurde. Viele Diözesen konnten oder wollten die finanziellen Mittel dafür jedoch nicht aufwenden. Auch die seit dem 13. Jahrhundert in ganz Europa und auch im deutschen Sprachraum entstehenden Universitäten mit ihren Theologischen Fakultäten änderten nichts an dieser katastrophalen Bildungssituation des Diözesanklerus, da sie primär der Ausbildung von Ordensleuten dienten. Bezüglich der Dauer, des Aufbaus und der inhaltlichen Ausgestaltung stellte sich ein Theologiestudium vor dem Trienter Konzil völlig anders dar als heute. So dauerte das gesamte Studium einschließlich der obligatorischen „Artes liberales" zwölf bis sechzehn Jahre, wodurch es für einen Großteil der Priesteramtskandidaten nicht in Frage kam.[5] Die meisten angehenden Diözesanpriester konnten sich den Besuch der Universität nicht leisten. An manchen Orten entstanden – meist in privater Trägerschaft und an Universitäten angegliedert – als Vorläufer der späteren Seminare Kollegien, die armen Theologiestudenten billige oder kostenlose Unterkunft und Verpflegung boten.[6] Der

---

3   Vgl. Jedin, Die Bedeutung des Tridentinischen Dekrets, S. 194.
4   Vgl. ebd., S. 183.
5   Vgl. Kottje, Entstehung und Bedeutung des Trienter Seminardekrets, S. 16.
6   So z. B. 1475 das Collegio Capranica in Rom, 1496 das Georgianum in Ingol-

Anteil der Diözesanpriester, die auf diese Weise eine Universität besuchen konnte, war jedoch sehr klein. So bot das Georgianum in Ingolstadt, das zu den ersten Einrichtungen dieser Art im deutschen Sprachraum gehörte, gerade einmal elf Freiplätze für jeweils fünf Jahre.[7] Im Blick auf die spätere Tätigkeit der (wenigen) akademisch gebildeten Diözesanpriester bleibt zu beachten, dass die Universitäten wohl eine scholastisch-theologische, aber keine seelsorgerliche Ausbildung boten und dies auch nicht als ihre Aufgabe ansahen.

Der Großteil der Weltpriester blieb somit theologisch weiterhin ungebildet und wurde, wenn überhaupt, von einem bereits geweihten Priester „angelernt". Die Motivation zur Priesterweihe lag häufig nicht in einer geistlichen Berufung, sondern in Pfründen, in deren Genuss der Priester durch entsprechende Einsetzungen oder Verleihungen gelangen konnte. Eine Anhäufung verschiedener Altar- und Pfründstiftungen bei einem Kleriker führte zur Anstellung von schlecht bezahlten und völlig ungebildeten Hilfsklerikern oder Vikaren, die als Altaristen schlecht bezahlt waren und eine Art klerikales Proletariat bildeten.[8]

2.1.2 Die Beschlüsse des Konzils von Trient

Die Konzilsväter waren sich nach anfänglichem Zögern schließlich einig, dass das Bildungsniveau und die geistliche Fundierung der Weltpriester deutlich steigen müsse – und dass es dazu neue allgemein verbindliche Normen innerhalb der Kirche brauche. Zunächst dachte man noch, diese Änderungen innerhalb des bestehenden Systems – Anstellung von mehr Exegeten und anderen

---

stadt. Vgl. Jedin, Die Bedeutung, S. 185; Schmid, Das älteste Priesterseminar diesseits der Alpen, S. 3–5. Die Wahl der Überschrift „das älteste Priesterseminar" ist jedoch missverständlich: In den ersten Jahrzehnten war das Georgianum kein Seminar, sondern eine kleine Wohnanstalt für bedürftige Theologiestudenten.

7 Vgl. Schmid, Das älteste Priesterseminar, S. 3. Das Georgianum wurde 1800 nach Landshut und 1826 schließlich nach München verlegt.

8 Vgl. Smolinsky, Die Voraussetzungen der Reformation, S. 232f.

Lehrern an den Kathedralschulen – vornehmen zu können.[9] Im Verlauf des Konzils wurde jedoch immer deutlicher, wo der eigentliche Grund der miserablen Bildung des Klerus lag: Zum einen an fehlenden Mindestanforderungen für Weihekandidaten, zum anderen vor allem aber an der Armut vieler Priesterkandidaten, die sich keine fundierte Ausbildung leisten konnten.

Das Konzil fasste schließlich folgenden Beschluss:

„Die einzelnen Kathedral-, Metropolitan- oder noch größeren Kirchen sind, je nach ihren Möglichkeiten und der Größe der Diözese, gehalten, eine bestimmte Anzahl von Jungen [...] in einem Kolleg [...] zu verpflegen, religiös zu erziehen und in den kirchlichen Lehren zu unterrichten. In dieses Kolleg werden nur solche aufgenommen, die wenigstens zwölf Jahre alt sind und aus einer legitimen Ehe stammen, die auch schon ordentlich lesen und schreiben können und deren Begabung und Wille die Hoffnung nährt, daß sie einmal die kirchlichen Dienste auf Dauer ausüben werden. Es ist der Wille der Synode, besonders Söhne armer Leute ausgewählt zu sehen, ohne deshalb die der Reichen auszuschließen, sofern sie nur auf eigene Kosten verpflegt werden und den offensichtlichen Wunsch haben, Gott und der Kirche zu dienen."[10]

Es folgen einzelne Vorschriften zum Gottesdienstbesuch, zur Disziplin und den Lehrinhalten der Kollegien, die hier erstmals Seminarien („Pflanzstätten") genannt werden. Der umfangreichste Teil des Dekrets, der mehr als zwei Drittel des gesamten Textbestandes ausmacht, befasst sich schließlich mit der Frage der Finanzierung dieser neuen Ausbildungsform. Dieser Umstand lässt unschwer erkennen, wo das eigentliche Problem der Klerikerbildung lag. Es fehlte weniger an der Einsicht in deren Notwendigkeit als an Finanzierungsmöglichkeiten und an einem Konsens, wie diese geschaffen werden sollten. Das Dekret weist die Verant-

9 Vgl. Garhammer, Seminaridee, S. 21.
10 Konzil von Trient, Reformdekrete, Kanon 18.

wortung nun explizit den Bischöfen zu und versucht, diesen durch eine Reihe von Regelungen Handlungsspielräume zu verschaffen. Mehrfach wird dabei die Voraussetzung für – notfalls mit staatlicher Hilfe durchzusetzende – Zwangsabgaben geschaffen. Auch eine stärkere Indienstnahme des Lehrpersonals ist als eine mögliche Maßnahme vorgesehen:

„Damit die Einrichtung solcher Schulen mit geringerem Aufwand vorgenommen wird, beschließt die heilige Synode: Bischöfe, Erzbischöfe, Primasse und andere Ortsordinarien zwingen und nötigen die Scholaster und andere, denen eine Vorlesungs- und Lehraufgabe obliegt, sogar durch Entzug der Einkünfte, in den Schulen, in denen sie eingesetzt sind, persönlich zu lehren."[11]

Es verwundert nicht, dass derartige Reformen nicht ohne weiteres durchführbar waren und die Etablierung von Seminaren sich in vielen Diözesen mitunter um viele Jahrzehnte verzögerte, in manchen Diözesen Spaniens und in Ländern außerhalb Europas gar bis ins 19. Jahrhundert.[12] Dabei spielte oft die Tatsache eine Rolle, dass die bestehenden Ausbildungsmöglichkeiten, insbesondere auch die nach und nach an vielen Orten entstehenden Jesuitenkollegien, als ausreichend angesehen wurden oder die Kathedralkapitel die Verantwortung für die Ausbildung nicht abgeben wollten.[13] Bestehende und bewährte (in der Regel kostenpflichtige) Ausbildungsorte – auch die katholischen Fakultäten an Universitäten – wurden nicht in Frage gestellt.[14] Ein Reformvorschlag sah sogar generell die Gründung von Universitäten und angeschlossenen Kollegien vor, in denen alle Priesteramtskandidaten studieren sollten. Eine solche „große Lösung" wurde zwar als ideal angesehen,

---

11 Ebd.
12 Vgl. Jedin, Die Bedeutung, S. 194–198.
13 Vgl. Bitterli, Das Priesterseminar, S. 9.
14 Vgl. Garhammer, Pastoralstrategie, S. 110f.

schied aber aus finanziellen Gründen von vorneherein aus und wurde nicht weiter diskutiert.[15]

2.1.3 Zur Hermeneutik und Rezeption des Dekrets

Das Trienter Konzil schuf das Seminar als eine Institution der Reform. Die Zielsetzungen dieser Reform werden freilich bis heute immer wieder unterschiedlich interpretiert. Spätere historische Entwicklungen wurden zu wirkmächtigen Deutungskategorien des Dekrets, so dass dessen ursprüngliche Intention bisweilen zurücktrat.

Bestimmender Rahmen für die Beschlüsse des Trienter Konzils waren die Ereignisse und Folgen der Reformation, die in ihrer ganzen Konsequenz und Tragweite erst während der zwanzigjährigen Dauer des Konzils allmählich erfasst wurden. In der Endphase des Konzils ab 1562 waren die meisten Länder Europas in irgendeiner Weise von der Reformation erfasst. Der Mangel an geistlicher und theologischer Bildung des Klerus war ein schwerwiegendes Problem und als eine der Ursachen der Kirchenspaltung erkannt worden. Ein völlig ungebildeter, ungeistlicher Klerus konnte den Reformatoren nichts entgegensetzen. Vor allem in Deutschland herrschte zudem ein drängender Priestermangel, der über deutsche Legaten – deutsche Bischöfe nahmen am Konzil aufgrund der schwierigen Lage in ihren Bistümern kaum teil – in Trient thematisiert wurde.[16]

Das Ziel des Seminardekrets war somit, die Voraussetzungen dafür zu schaffen, dass die Diözesen über eine genügende Anzahl von gut ausgebildeten und geistlich geschulten Priestern verfügten. Da die bisherigen Einrichtungen und Ausbildungsformen dieses Ziel nicht erreichen konnten, wurden zusätzlich die Seminare geschaffen, die ein Mindestmaß an geistlicher und theologischer Bil-

---

15 Vgl. Wolf, Priesterausbildung zwischen Universität und Seminar. Zur Auslegung des Trienter Seminardekrets, S. 230.

16 Vgl. Garhammer, Schola, S. 13; Jedin, Die Bedeutung, S. 188.

dung vermitteln sollten. Anders als die meisten Kathedralschulen wurden die Seminare direkt vom Bischof verantwortet. Kandidaten wurden nicht zur allgemeinen Bildung aufgenommen, sondern ausschließlich mit Blick auf eine angestrebte Priesterweihe.[17] Angesichts dieses konkreten Zieles war der Besuch der Seminare für Kandidaten aus armen Bevölkerungsschichten, aus denen sich ein größerer Teil des Klerus rekrutierte, kostenlos. Aufschlussreich ist, dass sich das Dekret am ausführlichsten der Finanzierung der Seminare widmet. Im Gesamtkontext der Konzilsdekrete ist dieser Umstand noch auffallender, da es an keiner anderen Stelle eine derart ausführliche technische Durchführungsbestimmung gibt. Weder die allgemeine Feststellung der Notwendigkeit einer Bildungsreform der Priester war das Problem noch die Frage der detaillierten Ausgestaltung der Seminare, sondern die entstehenden Kosten. Die Frage der Finanzierung sollte noch lange Zeit eines der wesentlichen Probleme bei der Errichtung von Seminarien bleiben.

Primäres Ziel des Konzils war es damit nicht, die Kandidaten „in Absonderung von der Welt"[18] heranzubilden. Das Dekret erwähnt lediglich im einleitenden Satz, dass

„die Jugend ohne rechte Unterweisung der Verfolgung weltlicher Gelüste zuneigt und, falls sie nicht von jungen Jahren an, ehe die Gewohnheit zum Schlechten vom ganzen Menschen Besitz ergreift, zu Frömmigkeit und Religiosität erzogen wird, nie vollkommen und ohne große und geradezu einzigartige Hilfe des allmächtigen Gottes in der kirchlichen Disziplin verharrt."[19]

Angesichts der Tatsache, dass das Dekret bereits die Aufnahme Zwölfjähriger in die Seminare vorsieht, entsprechen diese Anwei-

---

17 Vgl. Garhammer, Schola, S. 15.
18 Zinnhobler, Bischöfliche Seminare, S. 345.
19 Konzil von Trient, Reformdekrete, Kanon 18.

sungen eher allgemeinen zeitgenössischen Erziehungsgrundsätzen als der Aufforderung zur Abschottung nach außen.

Das Seminardekret wurde nicht nur wie bereits erwähnt mit teils großer zeitlicher Verzögerung verwirklicht, sondern auch in den unterschiedlichsten Formen rezipiert. Wo etablierte Formen der Priesterausbildung vorhanden waren, blieben diese in der Regel bestehen. Die Jesuiten entwickelten sich zu einem wichtigen Träger der Priesterausbildung und behielten diese Rolle bis ins 18. Jahrhundert. Selbst nach der Aufhebung des Jesuitenordens 1773 blieben viele Jesuiten zunächst noch lehrend in kirchlichen Kollegien und Universitäten tätig.[20] In Städten, in denen Universitäten und Lyzeen als Orte des Theologiestudiums bestanden, kam es nach dem Trienter Dekret verstärkt zur Gründung von Konvikten, die als Wohn- und geistliche Ausbildungsorte dienten. Teils wurden diese in Trägerschaft der Jesuiten oder anderer Orden, teils von den Diözesen geführt. Pastoralseminare nahmen die Kandidaten mit bereits absolvierter theologischer Ausbildung auf.[21]

Das erste diözesane Seminar nach tridentinischem Muster entstand – anfangs unabhängig von den Konzilsbeschlüssen vorbereitet – bereits 1564 in Eichstätt. Andere Diözesen wie Regensburg (1655) oder Freising (1691) gründeten erst einhundert Jahre später entsprechende Einrichtungen.[22] Nicht selten war der Bestand der Seminare von kurzer Dauer wie in Köln, wo das 1615 gegründete Seminar mangels finanzieller Mittel und geeigneter Lehrkräfte bald wieder schließen musste.[23] Die Seminare waren – auch aus Kostengründen – meistens klein; selten beherbergten sie mehr als zwanzig Seminaristen und damit nur einen Bruchteil der späteren Weihekandidaten.[24] Innerhalb des

---

20 Vgl. Boehm, Katholizismus, S. 45f.
21 Vgl. z. B. Gschwind, Das Priesterseminar von Pfaffenhausen.
22 Vgl. Zinnhobler, Bischöfliche Seminare, S. 346.353.362.
23 Vgl. Jedin, Die Bedeutung, S. 197.
24 Vgl. Zinnhobler, Bischöfliche Seminare, S. 362.

Klerus einer Diözese gab es eine Vielzahl von Bildungswegen an unterschiedlichen, oft auch außerdiözesanen Einrichtungen.[25]

2.2 Das Seminar als Brennpunkt von Auseinandersetzungen zwischen Staat und Kirche

2.2.1 Das Seminar als ultramontaner Gegenentwurf zur säkularen Welt

Die Umbrüche und Verwerfungen der Säkularisation schufen völlig andere Rahmenbedingungen für die Priesterausbildung, die schnell zu einem Hauptstreitpunkt zwischen Kirche und Staat wurden. Achtzehn katholische Universitäten und zahlreiche kirchliche Lyzeen gingen in Deutschland in staatliche Trägerschaft und Aufsicht über oder wurden aufgelöst.[26] Zahlreiche Ordensschulen und andere katholische Bildungseinrichtungen wurden geschlossen. Zwar wurden nach und nach auch neue (staatliche) Katholisch-Theologische Fakultäten gegründet wie Ellwangen-Tübingen (1812/17) oder Gießen (1830–1853)[27] und generell wurde von staatlicher Seite – wenn auch mit großen Unterschieden – grundsätzlich für eine funktionierende Priesterausbildung gesorgt.[28] Dennoch entbrannte nun ein Kampf um die Hoheit über die Priesterbildung, der bald zum Symbol für die zunehmenden Spannungen zwischen Staat und Kirche werden sollte. Zahlreiche Bischöfe wehrten sich gegen das neu etablierte Staatskirchensystem und versuchten in zähem Ringen, die Priesterausbildung wieder ganz unter ihre Kontrolle zu bringen. Damit rückten die Pries-

25 Vgl. die sehr aufschlussreiche Zusammenstellung bei Pauly, Studium und Ausbildung.
26 Vgl. Garhammer, Pastoralstrategie, S. 111f. Die Geschichte des Lyzeums Dillingen kann exemplarisch für das wechselhafte und unvorhersehbare Schicksal kirchlicher Bildungseinrichtungen jener Zeit stehen. Vgl. Groll, Ausbildung und Weiterbildung.
27 Vgl. Scharfenecker, Die Katholisch-Theologische Fakultät Gießen.
28 Vgl. dazu exemplarisch Groß, Das Wilhelmsstift Tübingen 1817–1869.

terseminare, die vor der Säkularisation allein schon aufgrund häufiger örtlicher und inhaltlicher Umstrukturierungen kein außerordentliches Identifikationsobjekt für die Diözesen waren, in den Mittelpunkt des Interesses. Die Zurückhaltung der Bischöfe, die in Deutschland über zwei Jahrhunderte meist aufgrund hoher Kosten zu einem eher zögerlichen Auf- und Ausbau des Seminarwesens geführt hatte, war vergessen. Die Priesterseminare bildeten „den Brennpunkt der Auseinandersetzungen zwischen Kirche und Staat".[29] Hubert Wolf bezeichnet gar das gesamte 19. Jahrhundert als „das Jahrhundert der Seminarkonflikte".[30] Dabei waren im Gegensatz zu Universitäten und Lyzeen nur wenige Priesterseminare wie z. B. Meersburg (Bistum Konstanz) im Zuge der Säkularisation geschlossen worden. Bei den weiter bestehenden und erst recht bei den neu gegründeten (wie Rottenburg oder Freiburg) wuchs allerdings der Druck, diese in ein staatskirchliches System einzugliedern und weitgehenden staatlichen Einfluss zuzulassen.[31] Zudem erfolgte die theologische Ausbildung nun in vielen Diözesen an staatlichen Einrichtungen. Dies wurde vor allem von ultramontanen Bischöfen und Theologen als unerträglich empfunden. Der starke Rückgang der Priesteramtskandidaten in den Jahren nach der Säkularisation wurde mit dieser neuen Konstellation in Zusammenhang gebracht:[32] Der weltliche, vom Geist der Aufklärung vergiftete Einfluss der staatlichen Einrichtungen verderbe die Kandidaten, die Universitäten öffneten dem „frivolen zu dem Heidenthume sich hinneigenden Geist"[33] Tor und Tür. Das probate Gegenmittel war schnell gefunden: das tridentinische Seminar.

In den folgenden Jahrzehnten wurde nun unter ständigem Verweis auf das Trienter Seminardekret ein Idealbild des Priestersemi-

---

29 Boehm, Katholizismus, S. 39.

30 Wolf, Priesterausbildung, S. 220.

31 Vgl. Boehm, Katholizismus, S. 41f.

32 Vgl. ebd., S. 42f.

33 Zitat des deutschen Kirchenhistorikers Augustin Theiner (1804–1874). Vgl. Wolf, Priesterausbildung, S. 221.

nars geformt und propagiert, das einerseits enorm wirkmächtig war und bis heute ist, das sich andererseits aber bei genauerer Betrachtung in wesentlichen Teilen gar nicht auf das Seminardekret berufen konnte. Protagonisten waren vor allem Augustin Theiner (1804–1874), Historiker und späterer Präfekt des Vatikanischen Archivs, und der Münchner Erzbischof und spätere Kurienkardinal Karl August von Reisach (1800–1869), unter deren Einfluss sich u. a. in Eichstätt und Speyer tridentinische Seminare in streng ultramontaner Ausprägung entwickelten.[34] Das Seminar wurde in dieser Konzeption zum einzigen legitimen Ausbildungsort für Priester, der die spirituell-geistliche und theologische Ausbildung unter einem Dach und einer Leitung vereinte. Die Seminaristen hatten folglich im Seminar selbst zu wohnen und konnten nicht mehr – wie in vielen Diözesen bis dahin üblich – bis zum Ende des Theologiestudiums ihre Unterkunft „frei" wählen.[35] Die Präsenzpflicht wurde auf die Wochenenden ausgedehnt, und zwar nicht aus pragmatischen Gründen aufgrund weiter Entfernungen zu den Heimatorten, sondern um sie von den Gefahren einer verdorbenen Welt fernzuhalten, zu der nun auch die Familien gerechnet wurden.[36] Die Seminare sollten Bollwerke gegen eine sündhafte Welt darstellen und forderten von den Seminaristen von Anfang an die Teilnahme an einem strengen aszetischen und geistlichen Ausbildungsprogramm. Den Priesterseminaren wuchs damit ein klösterlicher Charakter zu, der bis dahin in den Vorgängereinrichtungen nicht zu finden war. Diese Entwicklung wurde von vielen Seiten bewusst gefördert. Johann Adam Möhler (1796–1838) etwa trat dafür ein, „dass die Mönchsidee nicht verschwinden dürfe, wenngleich die Mönche verschwunden sind,

---

34 Vgl. dazu Wolf, Priesterausbildung, S. 221–229; Garhammer, Pastoralstrategie, S. 115–120; Burkard, Neues Jahrhundert – neuer Klerus, S. 186ff. Auch in anderen Diözesen wie in Rottenburg waren die Priesterseminare die „ultramontane Konstante". Vgl. Burkard, Neues Jahrhundert, S. 195.
35 Vgl. Ph. Müller, Das Priesterseminar Sankt Peter, S. 54.
36 Vgl. Wolf, Priesterausbildung, S. 223; Garhammer, Pastoralstrategie, S. 115.

und daß sie am ehesten beim Secularclerus angewendet werden sollte."[37] Maßgeblich war dabei nicht die Wirklichkeit vieler Klöster, wie man sie in mitunter durchaus problematischer Form aus Zeiten vor der Säkularisation her kannte, sondern „Idealvorstellungen, die von einer verklärten Schau des mittelalterlichen Mönchtums her geprägt waren".[38] Die Seminare wurden damit zu Projektionsflächen von Verlusterfahrungen der Jahrzehnte nach der Säkularisation. In besonderer Weise gilt dies auch für die Seminare in ihrer Eigenschaft als Bildungseinrichtungen.

Viel negativer als die Schließung katholischer Universitäten wirkte sich auf Dauer der Wegfall zahlreicher Lyzeen und Ordensschulen aus, die im Zuge der Säkularisation geschlossen oder zu einfachen Schulen herabgestuft wurden. Es setzte sich das Bewusstsein einer kulturellen Benachteiligung der Katholiken in Deutschland durch, das auf ein ganzes Bündel an wirtschaftlichen und sozialen Ursachen zurückging, wesentlich aber auch auf einen deutlich geringeren Anteil an Katholiken unter den Absolventen höherer Schulen und Universitäten.[39] Ein – zumindest in den ersten Jahrzehnten des 19. Jahrhunderts durchaus berechtigtes – Gefühl der strukturellen Benachteiligung und Übervorteilung leistete der Überzeugung Vorschub, der zentrale Bereich der Priesterausbildung müsse allein von kirchlicher Seite verantwortet werden.

Parallel zur Etablierung tridentinischer Seminare entstanden im 19. Jahrhundert Kleine Seminare in diözesaner Trägerschaft, die die schulische Ausbildung Jugendlicher übernahmen, die früher oft bei Ordensschulen, vor allem bei Jesuitenkollegien, verortet war. In Disziplin und klösterlicher Grundstruktur wurden

---

37 Johann Adam Möhler, Einige Gedanken über die zu unserer Zeit erfolgte Verminderung der Priester, und damit in Verbindung stehender Punkte, in: Theologische Quartalschrift 8, 1826, S. 444.

38 Köhler, Priesterbild und Priesterbildung bei Johann Adam Möhler, S. 173.

39 Vgl. Boehm, Katholizismus, S. 19–27.

diese Einrichtungen den Priesterseminaren angeglichen. Mehr als die früheren Ordensschulen dienten die Kleinen Seminare gezielt der Heranbildung des künftigen Priesternachwuchses. Für große Teile der Landbevölkerung waren diese meist als Internate geführten Schulen die einzige Möglichkeit, ihren Söhnen eine höhere Schulbildung zu ermöglichen. Aus den Absolventen der Kleinen Seminare rekrutierte sich schon bald und bis weit ins 20. Jahrhundert hinein ein Großteil des Priesternachwuchses. Aus der nun häufig anzutreffenden Bildungskombination zwischen Kleinem Seminar und tridentinischem Priesterseminar ergab sich ein integralistisches Ausbildungssystem, das wenige Kontakte mit der sich schnell verändernden Außenwelt erlaubte.[40]

2.2.2 Wirkmächtige Folgen des Seminarkonflikts

Der Seminarkonflikt des 19. Jahrhunderts hatte dauerhafte und folgenreiche Konsequenzen. In das neue kirchlichen Gesetzbuch von 1917 wurde auch die Priesterausbildung aufgenommen.[41] Dieses Regelwerk bildet gewissermaßen den Abschluss des „Jahrhunderts der Seminarkonflikte". Struktureller Rahmen sind die Vorgaben des Trienter Seminardekrets, die alle übernommen wurden. Inhaltlich gehen die Bestimmungen des CIC/1917 allerdings weit über das Dekret hinaus, das viele Details bewusst offen hielt.[42] Wesentlich vorbereitet und konzipiert von Papst Leo XIII. nach dem Ersten Vatikanischen Konzil[43], orientierte sich der Kodex am tridentinischen Seminarwesen, wie es im Laufe des 19. Jahrhunderts entstanden war. Der Besuch des Seminars wurde nun endgültig für alle Priesteramtskandidaten verpflichtend. Das früher übliche freie Studium war in aller Regel nicht mehr möglich. Während

---

40 Zur spezifischen Situation in Deutschland vgl. Gatz, Priesterausbildungsstätten.
41 Vgl. CIC/1917 can 1352–1371.
42 Vgl. zu Folgendem Bitterli, Das Priesterseminar, S. 12–14.
43 Vgl. Hünermann, Die Vorgeschichte des Dekrets über die Ausbildung der Priester, S. 326–334.

des Theologiestudiums musste ein Priesteramtskandidat mindestens vier Jahre im Seminar wohnen, unabhängig davon, ob das theologische Studium im Seminar erfolgte, an einer Universität, oder an einem Lyzeum. Ausnahmen waren nur noch aus schwerwiegenden Gründen mit Dispens des Diözesanbischofs möglich.[44] Die Gestaltungsmacht der einzelnen Diözesen wurde zugunsten zahlreicher universalkirchlich verbindlicher Regelungen eingeschränkt. Die Vorgaben zur theologischen und geistlichen Bildung sind viel detaillierter als im Trienter Seminardekret, das sich auf den allgemeinen Rahmen beschränkte. Die neuscholastische Interpretation der Theologie des Thomas von Aquin wurde zur obligatorischen Grundlage der Ausbildung erklärt. Tagesabläufe und Studieninhalte waren bis ins Detail vorgegeben. Die Pflichten der Seminarleitung wurden bis ins Kleinste geregelt und reichten bis hin zur vorgeschriebenen Kontrolle, ob die Seminaristen eine ausreichende Körperhygiene pflegen. Diese Regelflut, die aus heutiger Sicht recht seltsam anmutet, darf nicht nur negativ beurteilt werden. Sie führte insgesamt tatsächlich zu einer besseren Bildung des Klerus. Der Preis war allerdings eine

„Seminarausbildung und Erziehung, die, relativ abgehoben und in sich schwingend, mit der kirchlichen Lehre beschäftigt ist und dabei den Hauptakzent auf die Einübung von Frömmigkeitsformen setzt. Dabei wäre es sicherlich kurzsichtig, diese Form geistlicher Einübung gering zu schätzen. Sie ist im Ganzen Ausdruck jener „kulturellen Autarkie" der Kirche, die Leo XIII. formuliert hat und die die römischen Vorgaben zur Priesterausbildung bis an die Grenze des II. Vatikanums weitgehend geprägt hat."[45]

---

44 Eine solche Ausnahmeregelung konnte z. B. Eugenio Pacelli (1876–1956) erwirken, der spätere Papst Pius XII. Er wohnte die meiste Zeit seines Studiums in Rom aus gesundheitlichen Gründen zu Hause.

45 Hünermann, Die Vorgeschichte, S. 340.

Ganz auf dieser Linie gestaltet der CIC/1917 auch die Kleinen Seminare, die nun erstmals ausdrücklich angesprochen werden. Es gibt in Anspruch, Disziplin und Tagesablauf praktisch keinen Unterschied zum Großen Seminar. Das Kleine Seminar ist damit endgültig zum Priesterseminar für Jugendliche geworden.

Der CIC/1917 formt das Priesterseminar verbindlich zu einer klösterlichen Einrichtung, die die Seminaristen in bewusster Absetzung zur Außenwelt umfassend prägen will. Zwar wurde manche Regelung bezüglich der Lehre in den folgenden Jahrzehnten modifiziert.[46] An der grundsätzlich defensiv-apologetisch ausgerichteten Konzeption des Priesterseminars änderte sich jedoch bis nach dem Zweiten Weltkrieg wenig.[47] In einer Denkschrift, die der spätere Kardinal Augustin Bea 1926 für die Römische Bildungskongregation über den deutschen Katholizismus und insbesondere das Bildungswesen verfasst hat, wird die Argumentation des 19. Jahrhunderts unverändert fortgeführt. Bea beklagt den fehlenden Einfluss der Bischöfe bei der Ernennung von Theologieprofessoren an staatlichen Universitäten, die herrschenden Lehrmethoden an den theologischen Fakultäten und das Zurücktreten der Scholastik.[48] All dies zeige, „wie trostlos der Zustand der dogmatischen Theologie an den Universitäten Deutschlands ist"[49]. Gleiches stellt Bea für praktisch alle theologischen Fächer fest. Klarer Favorit ist für ihn das Priesterseminar tridentinischen Stils – in der Interpretation des 19. Jahrhunderts. Über die allgemeine Situation der Priesterausbildung urteilt Bea,

„dass die Ausbildung der Theologen in Deutschland meistens (mit Ausnahme jener Diözesen, in denen sie allein in den Seminaren ausgebildet werden) nicht jene Einheitlichkeit hat, die zum Erreichen des

---

46 Vgl. Bitterli, Das Priesterseminar, S. 13f.
47 Thomas Forstner hat dies jüngst am Beispiel des oberbayerischen Klerus anschaulich dargelegt. Vgl. Thomas Forstner, Priester in Zeiten des Umbruchs, S. 159ff.
48 Vgl. Unterburger, Gefahren (Bea, Der Stand des Katholizismus), S. 134–149.
49 Ebd., S. 139.

Zieles so notwendig wäre. Dies gilt um so mehr, wenn, wie es in einigen Diözesen geschieht, den Theologiestudenten des ersten und zweiten Jahres die Erlaubnis gegeben wird, irgend eine externe Universität zu besuchen und außerhalb des Konvikts zu wohnen. Die Begründung, die man für diese Übung anführt, nämlich dass sie in größerer Freiheit ihre Berufung erproben, kann den Schaden wohl nicht aufwiegen, den die aszetische und auch die solide und einheitliche wissenschaftliche Bildung erleidet."[50]

2.3 Das Seminar im Zweiten Vatikanischen Konzil und im CIC von 1983

Mit dem Dekret *Optatam totius* brachte das Zweite Vatikanische Konzil wohl einen Paradigmen-, aber keinen Systemwechsel in die Priesterausbildung. Der Paradigmenwechsel zeigte sich insbesondere im Priesterbild, das in *Optatam totius* formuliert wird. An die Stelle des bis dahin vorherrschenden – und nicht nur das Trienter Dekret, sondern insbesondere auch die viel detaillierteren Bestimmungen des CIC/1917 maßgeblich beeinflussenden – kultisch-sacerdotalen Priesterbildes tritt das Leitbild des Guten Hirten, das den Dienstcharakter des Priesteramtes herausstellt.[51]

Im Duktus der pastoralen Ausrichtung des gesamten Konzils wurde auch in der Seminarkonzeption die Bedeutung der individuellen Persönlichkeitsbildung und Berufungsklärung der einzelnen Alumnen hervorgehoben.[52] Eine weitreichende Neuerung stellt die Dezentralisierung der Gesetzgebung zur Priesterausbildung dar, die den einzelnen Bischofskonferenzen die Aufgabe übertrug, je eigene Ausbildungsordnungen für ihren Zuständigkeitsbereich zu formulieren.[53] Auf diese Weise wurden flexiblere

---

50 Ebd., S. 135.
51 Vgl. Hünermann, Die Vorgeschichte, S. 382.
52 Vgl. z. B. *Optatam totius* 11 und 12.
53 Vgl. ebd., 1; CIC/1983 can 242 § 1. Vgl. dazu Bitterli, Das Priesterseminar, S. 14f.

Ausgestaltungen des Seminarwesens ermöglicht, die örtliche Besonderheiten oder neue Formen von Berufungen (z. B. Spätberufene) berücksichtigen konnten. Grundsätzlich setzte das Konzil aber auf die Kontinuität der bisherigen Seminarform: „Die Großen Seminare sind zur priesterlichen Formung notwendig."[54] Im Leben der Diözese soll dem Seminar eine zentrale Bedeutung zukommen, die weit über die bloße Ausbildungsfunktion hinausreicht: „Alle Priester schließlich sollen das Seminar als Herz der Diözese ansehen und ihm gerne ihre eigene hilfreiche Arbeit leisten."[55] Wenn sich auch das zugrundliegende Priesterbild und die viel deutlicher an der individuellen Situation der einzelnen Kandidaten orientierte Zielsetzung des Seminars wesentlich geändert haben, so blieb das System Priesterseminar als methodische Grundlage der Ausbildung unangetastet. Das Konzil sah hier keinen grundsätzlichen Handlungsbedarf. Die Anwege ins Seminar waren wohl differenzierter. Die Ausbildungsbiografien im Großen Seminar gestalteten sich aber nach wie vor so einheitlich, dass eine grundlegende Reform nicht in den Blick kam.

Umso bemerkenswerter ist es deshalb, welche Flexibilitäten das Konzil dennoch ermöglicht. So nennt *Optatam totius* wie auch das Trienter Seminardekret nach wie vor keine Mindestdauer des Seminaraufenthaltes eines Priesteramtskandidaten. Die im CIC/1917 eingeführte Frist von mindestens vier Jahren findet sich allerdings im CIC/1983 wieder. Der CIC/1983 orientiert sich bei dieser Regelung nicht an den Konzilsvorgaben, sondern am CIC/1917.

Neu ist auch die ausdrückliche Ermöglichung einer flexiblen Gestaltung des Seminaraufenthaltes in *Optatam totius*: Aufgabe der Bischöfe ist es demnach „zu erwägen, ob es angebracht ist, eine gewisse Unterbrechung der Studien festzulegen bzw. eine ge-

---

54 *Optatam totius* 4; CIC/1983 can 237 § 1.

55 *Optatam totius* 5. Die prinzipielle Unverzichtbarkeit des Seminars wurde seitdem immer wieder hervorgehoben. Vgl. Bitterli, Das Priesterseminar, S. 16.

eignete pastorale Grundausbildung anzuordnen, damit hinlänglicher für die Erprobung der Priesteramtskandidaten gesorgt wird."[56]

Optatam totius gibt weiterhin ausführliche Vorgaben für eine sorgfältige Auswahl der Kandidaten[57] und Ausbilder[58], für die Entfaltung des geistlichen Lebens und der priesterlichen Lebensform[59] und besonders umfangreich für die inhaltliche Profilierung der Studieninhalte[60]. Ein großes Gewicht erhält die im engeren Sinne pastorale Ausbildung.[61] Bei all diesen Regelungen geht *Optatam totius* offensichtlich vom tridentinischen Seminarsystem als Referenzgröße aus, in dem die geistliche und theologische Ausbildung unter einem Dach und einer Leitung erfolgen.[62] Andere Ausbildungssituationen wie die im deutschen Sprachraum oft anzutreffende Kombination staatlicher und kirchlicher Einrichtungen werden nicht ausdrücklich erwähnt, aber auch nirgendwo ausgeschlossen.

Der CIC/1983 geht den Vorgaben des Konzils entsprechend vom diözesanen Seminar als Normalfall aus.[63] Er fordert ausdrücklich dessen Existenz ein, „wo dies möglich und zweckmäßig ist"[64], und ermöglicht zugleich Ausnahmen: Ein Bischof kann seine Seminaristen an ein diözesanfremdes oder ein überdiözesanes Seminar schicken.[65] Die Unterweisung im Seminar

---

56 *Optatam totius* 12.

57 Vgl. *Optatam totius*, 6; CIC/1983 can 241 § 1.

58 Vgl. *Optatam totius*, 5; CIC/1983 can 239.

59 Vgl. *Optatam totius*, 8f.; CIC/1983 can 244–247.

60 Vgl. *Optatam totius*, 13–20; CIC/1983 can 248–256.

61 Vgl. *Optatam totius*, 19–21; CIC/1983 can 255f.

62 Vgl. z. B. *Optatam totius*, 18 (Ermöglichung des Weiterstudiums besonders begabter Kandidaten an anderen Fakultäten oder Universitäten) oder CIC/1983 can 261 § 2: „Der Rektor des Seminars und der Studienleiter haben eifrig darauf zu sehen, dass die Lehrer ihre Aufgaben ordnungsgemäße nach den Vorschriften der Ordnung für die Priesterausbildung und der Seminarordnung erfüllen."

63 Vgl. CIC/1983 can 235 § 1.

64 Ebd., can 237 § 1.

65 Vgl. ebd.

muss weiterhin eine gewisse Dauer aufweisen, und zwar „während der ganzen Zeit der Ausbildung oder, wenn es die Umstände nach dem Urteil des Diözesanbischofs erforderlich machen, wenigstens vier Jahre lang."[66] Diese Bestimmung ist für die Konzeption eines Seminars von einiger Bedeutung, da sie ein zentrales Thema anspricht: Wie lange soll oder muss ein Seminarist in welcher Form an das Seminar gebunden sein?[67] Hier nimmt der Codex wichtige Differenzierungen vor. Die Vorgabe, dass ein Seminarist während der ganzen Zeit seiner Ausbildung (nach can. 250 also bezogen auf die Studienzeit mindestens sechs Jahre) im Seminar zu unterweisen sei, bezieht sich ausdrücklich auf „junge Männer". Die Verwendung von „iuvenes" im lateinischen Original weist noch ausdrücklicher als die deutsche Übersetzung darauf hin, dass es sich hier um Schulabgänger, im lateinischen Wortsinn ältere Jugendliche, handelt. Die Situation von Spätberufenen und von jungen Männern, die Militär- oder Freiwilligendienste, eine Ausbildung oder ein anderes Studium absolviert haben, wird jeweils individuell zu beurteilen sein. Eine zweite Differenzierung betrifft die Art und Weise der Bindung an das Seminar. Es ist ausdrücklich nicht die Rede davon, dass die Seminaristen während dieser Zeit im Seminar *wohnen* müssen, sondern dass sie dort *unterwiesen* werden sollen. Dieser Regelung kommt insofern eine besondere Bedeutung zu, als sie sich von den Vorgaben des CIC/1917 unterscheidet, wo eine Residenzpflicht der Seminaristen vorgesehen war.[68] Der CIC/1983 beinhaltet dagegen ausdrückliche Regelungen für Seminaristen, die sich „rechtmäßig außerhalb des Seminars aufhalten"[69]. Die Bestimmungen der *Ratio fundamentalis*, die 1970 als Rahmenordnung für die nationalen Ordnungen der Priesterausbildung veröffentlicht worden war, erwähnen das zeit-

---

66   Ebd., can 235 § 1.
67   Vgl. hierzu Bitterli, Das Priesterseminar, S. 69–73.
68   Vgl. CIC/1917 can. 972 § 1; vgl. auch Bitterli, Das Priesterseminar, S. 70.
69   Vgl. CIC/1983 can. 235 § 2.

weilige Wohnen außerhalb des Seminars als Möglichkeit der Berufungsklärung.[70] Insgesamt bieten die Regelungen des
CIC/1983 Möglichkeiten zu einer flexibleren Gestaltung des Aus-
bildungsrahmens von Seminaristen, als mitunter vermutet wird.
Bemerkenswert ist in diesem Zusammenhang, dass der Codex
der orientalischen Kirchen gar keine Angaben zu einer Mindestdauer der Seminarausbildung macht.[71]

Der CIC/1983 geht wie *Optatam totius* grundsätzlich davon
aus, dass das Seminar Ort der geistlichen *und* wissenschaftlichen
Formation ist,[72] wie es in einem Großteil der katholischen Welt
in sogenannten tridentinischen Seminaren der Fall ist. In Deutschland hat sich eine Form der Priesterausbildung etabliert, die sich
von den Ausbildungssituationen in den meisten anderen Ländern
deutlich unterscheidet: Die erste Bildungsphase (Studienphase)
wird von Priesterseminaren bzw. Hochschulkonvikten und institutionell eigenständigen Katholisch-Theologischen Fakultäten bzw.
Hochschulen gemeinsam verantwortet. Diese Konstellation hat
eine dreifache begriffliche Unterscheidung zufolge: *Priesterseminare*
heißen offiziell nur die Standorte, an denen die erste und zweite
Bildungsphase vereint ist, an *Theologenkonvikten* findet nur die
erste (universitäre) Bildungsphase statt, an *Pastoralseminaren* nur
die zweite.[73] Faktisch werden jedoch die meisten dieser Häuser
als Priesterseminar bezeichnet.

2.4 Impulse für eine künftige Seminarkonzeption

An dieser Stelle konnte nur ein kurzer Überblick über die historischen Bestimmungsgründe und Transformationsprozesse der Institution Priesterseminar gegeben werden. Die primären Zielset-

---

70 Vgl. Ratio fundamentalis 1970, Nr. 42.
71 Vgl. Bitterli, Das Priesterseminar, S. 70.
72 Vgl. CIC/1983 can 248, 250–256.
73 Vgl. Rahmenordnung für die Priesterausbildung 2003, Nr. 49, S. 39f.

zungen, die mit der Einrichtung und Weiterentwicklung von Seminaren verbunden waren und sind, lassen sich dennoch leicht aufzeigen. Sie geben wichtige Impulse für eine Weiterentwicklung heutiger Seminarkonzeptionen.

Priesterseminare haben seit dem Trienter Seminardekret bis heute kontinuierlich eine *Ermöglichungsfunktion*. Es sollen ausbildungsrelevante Prozesse ermöglicht werden, die ohne die Möglichkeiten eines Seminars nicht ohne weiteres zu erreichen wären: Für Trient waren dies die Finanzierung der Priesterausbildung, der notwendige Rahmen zur Berufungsklärung von Seiten der Diözese und von Seiten des Kandidaten, und schließlich eine theologische und geistliche Ausbildung. Seminare boten damit einen Rahmen, der auf verschiedene Art und Weise die Voraussetzungen zur Priesterausbildung schuf. Auf dem Trienter Konzil stand diese Ermöglichungsfunktion deutlich im Vordergrund. Das Seminar war pragmatisches Mittel zum Zweck der Ermöglichung einer fundierten Ausbildung vor allem ärmerer Priesteramtskandidaten und aus Sicht vieler Bischöfe dann nicht zwingend und sofort nötig, wenn es andere geeignete Wege der Priesterausbildung gab. Für die praktische Entwicklung des Seminarwesens hatte dies zwei Konsequenzen: Zum einen war die Seminarausbildung subsidiär. Sie sprang faktisch nur dann ein, wenn andere Systeme nicht funktionierten. Zum anderen sah das Konzil in den neuen Priesterseminaren durchaus flexible Konstruktionen. Der Erzbischof von Rossano und spätere Papst Urban VIII. plädierte im Entstehungsprozess des Dekrets dafür, den neuen Seminaren eine Form zu geben, die sich den Verhältnissen leicht anpassen könne.[74] Diese Äußerung ist für die Gesamtintention des Dekrets charakteristisch und unterstreicht noch einmal die subsidiäre Funktion der Seminare. Hermann Tüchle fasste diese Grundausrichtung des Dekrets 1963 unmittelbar vor der Entstehung von *Optatam totius* noch einmal zusammen:

---

74 Vgl. Jedin, Die Bedeutung, S. 192; Kottje, Entstehung und Bedeutung des Tridentiner Seminardekrets, S. 20.

„Das Seminar ist keine versteinerte Erziehungsform. Das Seminar von heute muß immer wieder adaptiert, d. h. den Problemen der Gegenwart gegenübergestellt, auf die aktuellen Bedürfnisse der einzelnen Diözesen abgestellt werden."[75]

Selbst im 19. Jahrhundert, als das Priesterseminar mit allen Konsequenzen kirchenpolitisch aufgeladen wurde, hatte es nach wie vor eine entscheidende Ermöglichungsfunktion. Bei aller berechtigten Kritik an der Entwicklung zum integralistisch-doktrinär konzipierten Priesterseminar schufen gerade die Kleinen Seminare nach dem Wegbrechen der bisherigen schulischen Bildungsmöglichkeiten die Voraussetzung dafür, dass es überhaupt eine geregelte Priesterausbildung geben konnte. Das Zweite Vatikanische Konzil schließlich betont die Ermöglichung einer grundlegenden Persönlichkeits- und Berufungsklärung als eine der zentralen Aufgaben des modernen Priesterseminars.

Von Anfang an war die *Bildungsfunktion* zentral für die Seminare, im Grunde als wesentlicher Bestandteil ihrer Ermöglichungsfunktion. Die Seminare sollten vor allem theologische und geistliche Bildung ermöglichen. Auch hier gilt für das Trienter Dekret, dass es dem Seminar eine subsidiäre Funktion zuordnet. Solange die theologische Ausbildung auch auf andere Weise adäquat geregelt werden kann, ist die Seminarausbildung nicht zwingend notwendig. Inhaltlich werden nur allgemeine Vorgaben gemacht. Der CIC/1917 vollzieht eine sich im 19. Jahrhundert bereits anbahnende Kehrtwende. Er gibt mit seiner umfassenden und verbindlichen neuscholastischen Ausrichtung der Priesterbildung ein Bildungsziel vor, von dem er annimmt, dass es in seiner Vollform nur im tridentinischen Priesterseminar erreicht werden kann. Er manifestiert damit die Bildungskonkurrenz zwischen staatlichen Fakultäten und kirchlichen Seminaren, die sich im 19. Jahrhundert wirkmächtig entwickelt hatte und weit bis ins 20.

---

75 Tüchle, Das Seminardekret des Trienter Konzils und Formen seiner geschichtlichen Verwirklichung, S. 30.

Jahrhundert andauerte. Andererseits folgt der CIC/1917 mit seiner detaillierten Vorgabe inhaltlicher Mindeststandards durchaus auch zeitgenössisch modernen Bildungskonzepten, die einen Kanon an Fächern und entsprechende Curricula verbindlich vorgeben.[76] Das Seminar war fortan eine Institution, die Bildung nicht nur ermöglichte, sondern – egal ob die theologische Bildung innerhalb oder außerhalb des Seminars erworben wurde – auch einen entsprechenden Mindeststandard einforderte.

Schließlich nehmen die Seminare eine besondere Funktion in der *Identitätsbildung* der künftigen Priester und einer Diözese als Ganzes wahr. In Konzeption, Stil, Führungs- und Leitungsverständnis des Priesterseminars spiegeln sich nicht nur wesentliche Elemente eines Priesterbildes wider, sondern auch das Selbstverständnis einer Diözese. Krisen und Umbrüche im Seminar werden auch außerhalb des Klerus sensibel wahrgenommen. Insofern ist die in *Optatam totius* vorgenommene Qualifizierung des Seminars als „Herz der Diözese" mehr als nur Ausdruck einer emotionalen Wertschätzung. Sie anerkennt vielmehr die große Bedeutung des Seminars für die priesterliche und diözesane Identitätsbildung. Dieser wichtige Faktor ist substantiell schwieriger zu fassen als andere quantifizierbare Zielsetzungen und Eigenschaften von Seminaren. In der aktuellen Diskussion um die Zusammenlegung von Seminaren spielt er implizit eine große Rolle, wird aber ausdrücklich kaum beachtet.

---

76 Vgl. Hünermann, Die Vorgeschichte, S. 332f.

II.
Orientierungen

3
Maßstab der Priesterausbildung: Das Priesterbild des Zweiten Vatikanischen Konzils

3.1 Pluralisierung von Priesterbildern

Die Frage, was ein Priester ist, wo er innerhalb der Kirche steht, wie sein Dienst im Leben einer Gemeinde aussieht und welcher praktische und geistliche Lebensentwurf sich schließlich mit dem Priestersein verbindet, ist Ausgangspunkt und Maßstab jeder Seminarkonzeption.

In einem Umfeld, das von einer fortschreitenden Pluralisierung der Priesterbilder geprägt ist, sieht sich die Priesterausbildung mit der gleichzeitigen Relevanz von ganz unterschiedlichen Priesterbildern konfrontiert:

Erstens bringen die Interessenten am Priesteramt ihre eigenen Prägungen, Erfahrungen und Motivationen mit. Damit verbindet sich ein je spezifisches Priesterbild. Dieses mag oft noch nicht ausdifferenziert oder in unterschiedlichen Kontexten konkretisiert worden sein, es mag sich primär emotional und weniger rational definieren, und nicht selten kann es ein Priesteramtskandidat noch nicht einmal in Worte fassen. Es ist jedoch leitend und bestimmend für das gesamte bisherige Berufungsgeschehen und deswegen von großer Bedeutung. Es wird das Priesterbild des Kandidaten zeitlebens mehr prägen, als er selbst und die Verantwortlichen im Seminar während der Ausbildung vermuten.

Zweitens schaffen der Priestermangel und die Bildung größerer Pfarreien, Pfarrverbände oder Seelsorgeeinheiten ein neues Priesterbild, das mit veränderten Anforderungen und Erwartungen an künftige Pfarrer verbunden ist. Personal- und Seelsorgeabteilungen der Diözesen bringen diese Profile verstärkt in Ausbildungskontexte ein. Priester sind heute im deutschsprachigen Raum häufig Pfarrer einer Großgemeinde oder Seelsorgeeinheit und für mehrere Gemeinden zuständig. Sie sind Vorgesetzte vieler

Mitarbeiterinnen und Mitarbeitern und verantworten zahlreiche strukturelle Prozesse. Ein Priester wird in diesem Zusammenhang eher in Kategorien beurteilt, die dem wirtschaftlichen Geschehen entsprechen: Kompetenzen in Organisation, Management und Personalführung, Leistungsorientierung, effizienter Einsatz der eigenen Ressourcen. Die Professionalisierung der Wirkungsbereiche von Kirchengemeinden ist weit fortgeschritten und verlangt von einem Pfarrer ein breites Fachwissen auch dann, wenn er viele Tätigkeiten an spezialisierte Mitarbeiter delegieren kann. Jenseits aller amts- oder gemeindetheologischen Konnotationen werden Priester heute häufig eher als Manager eines kirchlichen Betriebes mit diversen Aufgabenfeldern und vielen Angestellten wahrgenommen denn als Geistliche.

Drittens generiert die Erwartungshaltung der Gläubigen und vieler Menschen, die auf unterschiedliche Weise in Kontakt mit einem Priester treten, ein bestimmtes Priesterbild. Erwartet wird gerade nicht ein erfolgreicher Managertyp, sondern der einfühlsame, präsente und jederzeit verfügbare Seelsorger, der im Glaubensalltag und in entscheidenden Momenten des Lebens begleiten und die Frohe Botschaft des Evangeliums fruchtbar werden lassen kann.

Viertens schließlich wird in der Seminarausbildung das Priesterbild der kirchlichen Lehre und Tradition relevant, konkret das Priesterbild des Zweiten Vatikanischen Konzils. Dieses dient als Maßstab, um andere, oft divergierende Priesterbilder zu modifizieren, zu integrieren und gegebenenfalls zu korrigieren. Ein theologisch verantwortetes und plausibel vermitteltes Priesterbild ist unerlässlich, um biografisch geformte Priesterbilder weiterzuentwickeln, ein von Sachzwängen geprägtes, bloß pragmatisches Priesterbild zu korrigieren und übersteigerten Erwartungen von unterschiedlichen Seiten entgegenzuwirken. Ein solches Priesterbild ist nicht nur Gegenstand theoretischer Vermittlung, sondern praktischer Maßstab für die gesamte Seminarkonzeption. Es muss für die Priesteramtskandidaten transparent sein, da es die Grundlage der eigenen Entscheidung und der diözesanen Zulassung für die Priesterweihe ist. Die Frage nach dem Priesterbild des Konzils ist für die Priesterausbildung und deren Konzeption damit zentral.

3.2 Das Priesterbild des Zweiten Vatikanischen Konzils

Das „Dekret über den Dienst und das Leben der Presbyter *Presbyterorum ordinis*" wurde von den Konzilsvätern am 7. Dezember 1965 angenommen. Es gehörte zu den letzten Dokumenten, die auf dem Konzil promulgiert wurden. Schon zu diesem Zeitpunkt war wiederholt kritisiert worden, dass der priesterliche Dienst im Verlauf des Konzils nicht ausreichend reflektiert und insgesamt zu wenig beachtet worden sei. Die Kirchenkonstitution *Lumen gentium*[1] hatte einerseits die Rolle der Laien profiliert und sich andererseits ausführlich mit der Rolle der Bischöfe beschäftigt.[2] Der priesterliche Dienst wurde zwar auch in *Lumen gentium, Sacrosanctum concilium*[3], *Optatam totius* und anderen Dokumenten thematisiert, allerdings fehlten den Konzilsvätern zentrale Aussagen, z. B. hinsichtlich des sakramentalen Charakters der Priesterweihe, die nun dringend nachgeholt werden sollten.[4] Darüber hinaus deutete sich zu diesem Zeitpunkt bereits an, dass die ekklesiologische Neuausrichtung von *Lumen gentium* ein einigermaßen sicheres Fundament für Laien und Bischöfe liefern konnte, nicht aber automatisch auch für den priesterlichen Dienst.

In seiner theologischen Tiefe bleibt *Presbyterorum ordinis* gegenüber anderen Dokumenten des Konzils deutlich zurück.[5] Einzelne

---

1 Dogmatische Konstitution über die Kirche *Lumen gentium* (1965).
2 Vgl. Fuchs, Theologischer Kommentar, S. 411–412; Cordes, Warum Priester, S. 56.
3 Konstitution über die heilige Liturgie *Sacrosanctum Concilium* (1964).
4 Vgl. Cordes, Warum Priester, S. 57.
5 Guiseppe Alberigo attestiert *Presbyterorum ordinis* den „Mangel einer adäquaten Reflexion über die Situation des Priesters und ebenso an Piloterfahrungen". Die Auswirkungen des Konzils auf das Selbstverständnis und die ekklesiologische Verortung des priesterlichen Dienstes wurden während des Konzils noch nicht erkannt. „Man nahm einfach nicht wahr, in welchem Ausmaß die latente Krise durch die Erneuerung des

Teile erinnern eher an eine Pflichtübung, die am Ende des Konzils noch einmal die „große Würde des Priesterstandes"[6] in Erinnerung rufen will. Eine Notwendigkeit, sich grundsätzlicher mit dem priesterlichen Dienst zu beschäftigen, hatten die Konzilsväter vorab nicht gesehen, und nun, gegen Ende des Konzils, wäre dazu auch gar keine Zeit mehr gewesen.[7] Tatsächlich wurde im Gegensatz zu den Laien und den Bischöfen beim priesterlichen Dienst kein theologischer Regelungsbedarf erkannt, der über das hinausginge, was in anderen Dekreten bereits als Lehraussagen formuliert wurde. Vielmehr wird eingangs eine recht präzise Zielsetzung formuliert, die sich primär auf den Vollzug und die Rolle des priesterlichen Dienstes nach dem Konzil bezieht:

„Da diesem Stand jedoch bei der Erneuerung der Kirche Christi höchst bedeutsame und unstreitig immer schwierigere Aufgaben zukommen, schien es sehr angeraten, ausführlicher und gründlicher über die Priester zu sprechen."[8]

Nicht theologische Notwendigkeit machte demzufolge ein eigenständiges Dokument erforderlich, sondern die bedeutende Rolle des Priesters beim anstehenden Reformprozess. Es stellte sich allenfalls die Frage nach dem praktischen Vollzug des priesterlichen Dienstes, nicht die seines theologischen, vor allem ekklesiologischen Ortes.

Gleichwohl verweist das Dekret auf zentrale Merkmale des priesterlichen Dienstes. Es folgte dabei den Vorgaben von *Lumen gentium* und betont zuerst und allen weiteren Unterscheidungen

---

sozialen Kontextes und durch den Übergang von einer ‚klerikalen' Kirche zu einer Gemeinschaft als Volk Gottes verschärft werden musste. Die 3 Kapitel des Dekrets waren schon zum Zeitpunkt ihrer Approbation veraltet und wenig geeignet, für die künftige Entwicklung Orientierungen zu geben." Alberigo, Das Zweite Vatikanische Konzil, S. 468.

6 Vgl. *Presbyterorum ordinis* 1.
7 Vgl. Hünermann, Die Vorgeschichte, S. 344f.
8 *Presbyterorum ordinis* 1.

vorausgehend, dass nicht nur besondere Stände, sondern das gesamte Volk Gottes Anteil an der Sendung der Kirche hat. Damit verbindet sich die zentrale und wirkmächtige Konzilsaussage, dass die

> *„Christgläubigen, die, durch die Taufe Christus einverleibt, zum Volk Gottes gemacht und des priesterlichen, prophetischen und königlichen Amtes Christi auf ihre Weise teilhaftig, zu ihrem Teil die Sendung des ganzen christlichen Volkes in der Kirche und in der Welt ausüben."*[9]

Die Einbettung der priesterlichen Sendung in die Sendung des Volkes Gottes[10] erfolgt unter Bezug auf die zentrale Aussage in *Lumen gentium*:

> *„Das gemeinsame Priestertum der Gläubigen aber und das Priestertum des Dienstes, das heißt das hierarchische Priestertum, unterscheiden sich zwar dem Wesen und nicht bloß dem Grade nach. Dennoch sind sie einander zugeordnet: das eine wie das andere nämlich nimmt je auf besondere Weise am Priestertum Christi teil."*[11]

Der priesterliche Dienst ist demnach nicht nur eine Funktion oder ein besonderes Charisma innerhalb der vielen Charismen der Gemeinde. Er ist sakramentales Amt und unterscheidet sich dadurch nicht nur in der Eigenart des damit verbundenen Dienstes, sondern im Wesen vom gemeinsamen Priestertum der Gläubigen. Gerade in diesem wesentlichen Unterschied ist der Priester jedoch ganz an die Gemeinde und deren Sendung verwiesen. Das Priesteramt und insbesondere das Sakrament der Priesterweihe dienen nicht der persönlichen Heiligung des Priesters, sondern der Heiligung der Menschen. Eine Vertiefung dieser sakramentalen Di-

---

9 *Lumen Gentium* 31.
10 Vgl. dazu *Presbyterorum ordinis* 2.
11 *Lumen Gentium* 10.

mension nimmt das Konzil nicht vor. Es wurde wohl schlicht kein
Bedarf dafür gesehen. Wesentlich vorausgesetzt wird die Sakramentalität des priesterlichen Dienstes jedoch fraglos, und zwar in
direktem Zusammenhang mit den Bischofsamt:

> „Da das Amt der Priester dem Bischofsstand verbunden ist, nimmt es
> an der Vollmacht teil, mit der Christus selbst seinen Leib auferbaut,
> heiligt und leitet. Darum setzt das Priestertum der Amtspriester
> zwar die christlichen Grundsakramente voraus, wird aber durch ein
> eigenes Sakrament übertragen. Dieses zeichnet die Priester durch die
> Salbung des Heiligen Geistes mit einem besonderen Prägemal und
> macht sie auf diese Weise dem Priester Christus gleichförmig, so
> dass sie in der Person des Hauptes Christus handeln können."[12]

Diese Formulierung erfolgt wiederum unter Verweis auf die zentralen Aussagen in Lumen gentium 10. Das gesamte Miteinander
der Christgläubigen erfolgt damit in einer sakramentalen Dimension.

Die praktische Verortung des priesterlichen Dienstes vollzieht
Presbyterorum ordinis, der in Lumen gentium vorgegebenen Linie
folgend, zunächst mit konsequentem Blick auf die Gemeinde.
Deutlich erkennbar ist die Kehrtwende weg von einem kultisch-
sacerdotalen Priesterbild, das sich vor allem über die Konsekrati-
onsvollmacht und ein bestimmtes Verständnis der Christusreprä-
sentanz im priesterlichen Dienst definierte. Der priesterliche
Dienst wird ausführlich nach dem dreigliedrigen Amt Christi
(Lehrer – Priester – Hirte) entfaltet, wobei dem Bild des Hirten
eine Art Bindefunktion zwischen den einzelnen Ämtern zukommt.[13] Neben dem Gebet und der Verkündigung ist der zentrale Dienst des Priesters die Feier der Sakramente, insbesondere
der Eucharistie. „Darauf zielt das Dienstamt der Priester, und da-

---

12 Presbyterorum ordinis 2.
13 Vgl. dazu auch Vechtel, Der priesterliche Dienst und die Sendung der Kirche,
S. 51f, 56.

rin findet es seine Vollendung"[14]. Das Dekret verbindet die escha-
tologische Eigenart der priesterlichen Sendung mit ihrem konkreten Auftrag in der Gemeinde:

*„Sie [die Priester] könnten nicht Christi Diener sein, wenn sie nicht
Zeugen und Ausspender eines anderen als des irdischen Lebens wären; sie vermöchten aber auch nicht den Menschen zu dienen, wenn
diese und ihre Lebensverhältnisse ihnen fremd blieben. Ihr Dienst verlangt in ganz besonderer Weise, dass sie sich dieser Welt nicht gleichförmig machen; er erfordert aber zugleich, dass sie in dieser Welt unter den Menschen leben, dass sie wie gute Hirten ihre Herde kennen
und auch die heimzuholen suchen, die außerhalb stehen, damit sie
Christi Stimme hören und eine Herde und ein Hirt sei."*[15]

Der zeichenhafte Charakter des priesterlichen Dienstes inmitten
des Volkes Gottes wird im Verlauf des Dekrets immer wieder herausgestellt, ausführlich z. B. bei der Erläuterung des Zölibats.[16]
Auch hier zeigt sich, dass die Konzilsväter ein Priesterbild entwer-
fen wollten, das sowohl den Vollzug des priesterlichen Dienstes als
auch sein theologisches Wesen eng mit dem Volk Gottes verbindet. Der Priester des Konzils lebt nicht in entrückter, von sich
selbst und anderen verklärter Heiligkeit, sondern vollzieht einen
Heilsdienst inmitten des Volkes Gottes und nimmt dadurch in besonderer Weise Anteil an dessen Sendung. Den Konzilsvätern
ging es in *Presbyterorum ordinis* wesentlich um das Neue und Konkrete dieses Heilsdienstes.

In einem weiteren Schritt vollzieht *Presbyterorum ordinis* die
Zuordnung des priesterlichen Dienstes zum Bischofamt. Unterschied sich bis dahin der Bischof vom Priester vor allem durch
die unterschiedlichen jurisdiktionellen Vollmachten, stellte das
Konzil in der Kirchenkonstitution nun fest, dass dem Bischof „die

14 Vgl. *Presbyterorum ordinis* 2.
15 Vgl. ebd., 3.
16 Vgl. ebd., 16.

Fülle des Weihesakramentes übertragen wird"[17]. Um infolge den sakramentalen Charakter der Priesterweihe selbst nicht in Frage zu stellen, wurde dieser nun ausdrücklich festgestellt, und zwar in Abhängigkeit vom Bischofsamt:

„Daher hat Christus die Apostel gesandt, wie er selbst vom Vater gesandt war, und durch die Apostel den Bischöfen als deren Nachfolgern Anteil an seiner Weihe und Sendung gegeben. Ihr Dienstamt ist in untergeordnetem Rang den Priestern übertragen worden; als Glieder des Priesterstandes sollten sie, in der rechten Erfüllung der ihnen von Christus anvertrauten Sendung, Mitarbeiter des Bischofsstandes sein."[18]

In welchem Verhältnis Priester- und Bischofsamt damit zueinander stehen, hat das Konzil nicht vollständig geklärt.[19] Die Konzilsväter beschreiben einerseits ihr eigenes bischöfliches Amt als das eigentliche Priesteramt, von dem die Priester abhängen. Andererseits werden die Priester aufgrund ihrer Weihe und ihres Dienstes „dem Kollegium der Bischöfe zugeordnet"[20]. Da das Konzil das Verhältnis nicht weiter ausführt, stellt sich die Frage, ob sich damit eher eine Auf- oder Abwertung des priesterlichen Dienstes verbindet. Viele Autoren sehen mit der Stärkung des Bischofsamts eine „Episkopozentrik"[21] und damit letztlich eine Schwächung des priesterlichen Amtes verbunden:

„Im Bischofspapier, so scheint es, konnten die Bischöfe sich als die eigentlichen Priester beschreiben, welche die Vollmacht des Amtes besitzen [...] Es wird theologisch nicht gesagt, wie das Priestertum der

---

17 *Lumen Gentium* 21.

18 *Presbyterorum ordinis* 2.

19 Vgl. dazu z. B. Kurt Koch, Das Dekret über die Hirtenaufgabe der Bischöfe *Christus Dominus*.

20 *Lumen Gentium* 28.

21 Bausenhart, Theologischer Kommentar zum Dekret über das Hirtenamt der Bischöfe, S. 296ff.

Priester zu verstehen ist – vor allem nicht in Relation zum Priestertum der Bischöfe."[22]

Fest steht jedoch, dass das Konzil Bischof und Priester in eine wechselseitige Beziehung zueinander bringt, die nicht nur bloß hierarchisch oder funktional, sondern sakramental begründet ist. Das priesterliche Amt hat damit Anteil an der ebenfalls sakramental begründeten apostolischen Sendung des Bischofs.

3.3 Die Krise des priesterlichen Dienstes als Krise des Sakramentalen

Eine Zusammenschau der unterschiedlichen Äußerungen des Konzil zum priesterlichen Dienst zeigt, dass dieser vor allem von seinem praktischen Vollzug im Rahmen des Erneuerungsprozesses der Kirche her thematisiert und in einen konstitutiven Bezug zur Sendung des gesamten Volkes Gottes gesetzt wird.[23] Darin schien das eigentlich Neue zu liegen. In Bezug auf die theologische, insbesondere die ekklesiologische Bedeutung des Priesteramtes sahen die Konzilsväter in *Presbyterorum ordinis* keinen weiteren Handlungsbedarf. Der priesterliche Dienst erschloss sich – dies wird in *Presbyterorum ordinis* ausdrücklich noch einmal festgestellt – weiterhin sakramental. Die Priesterweihe als Sakrament ermöglichte dem Priester vor allem die zentralen sakramentalen Feiern der Eucharistie und der Versöhnung sowie den darauf aufbauenden Dienst in der Gemeinde.

Die Auswirkungen des Konzils auf die Identität des priesterlichen Dienstes waren jedoch weitaus größer, als es die Konzilsväter absehen konnten. Zum einen wirkte sich die Aufwertung der Stellung der Laien und die Anerkennung der Sakramentalität der Bischofs-

---

22 Mödl, Das Dekret über Dienst und Leben der Priester *Presbyterorum ordinis*, S. 309; vgl. auch Nicolay, Zeitgerechte Priesterbildung, S. 211.
23 Vgl. Fuchs, Theologischer Kommentar, S. 546–548.

weihe weit mehr auf den priesterlichen Dienst aus als während des Konzils abzusehen war.[24] Zum anderen hing die Identität und Legitimation des Priesteramtes in einem hohen Maße von der Anerkennung und Akzeptanz einer sakramentalen Dimension in der Kirche ab. Darin liegt bis heute einer der Hauptgründe für viele Diskussionen und letztlich auch für die Krise des priesterlichen Dienstes: Wer keinen Zugang zur Kirche als sakramentaler Wirklichkeit finden kann, findet letztlich auch keinen Legitimationsgrund für den priesterlichen Dienst in seiner sakramentalen Dimension. Hier zeigt sich ein wesentlicher Schlüssel für das Verständnis der heutigen Situation: Die Krise des priesterlichen Dienstes ist wesentlich eine Krise des Sakramentalen im Vollzug der Kirche.

Schon direkt nach dem Konzil war diese Problematik präsent. Der Blick auf die Sakramentalität des priesterlichen Dienstes war zum einen noch von der Abgrenzung gegen ein vorkonziliares Priesterbild bestimmt. Ein 1970 veröffentlichtes Schreiben der deutschsprachigen Bischöfe formuliert:

„Im Blick auf das Priestertum besagt der ‚sakramentale Charakter‘ schon von seinem Ursprung her keineswegs eine ungebührende Vorzugsstellung des Priesters gegenüber der Gemeinde, sondern primär eine letzte Unabhängigkeit seiner amtlichen Aufgaben von seiner persönlichen Heilssituation vor Gott [...] Die Lehre von der Sakramentalität des Ordo hat also von ihrem Ursprung her gerade nicht die Aufgabe, die besondere ‚Heiligkeit‘ seines Trägers auszusagen, sondern die bleibende Differenz zwischen Amt und subjektiver Heiligkeit zum Ausdruck zu bringen."[25]

Zum anderen waren sich die Bischöfe schon zu diesem Zeitpunkt bewusst, dass die sakramental begründete ekklesiologische Verortung der Priester problematisch sein könnte:

---

24 Vgl. Hünermann, Die Vorgeschichte, S. 355.
25 Schreiben der Bischöfe des deutschsprachigen Raumes über das priesterliche Amt (1970), S. 51 (Nr. 33).

*„Die Sakramentalität des Ordo wird nämlich von vielen angezwei-
felt, weil sie die Kirche nach Art einer rein innerweltlichen Gesellschaft betrachten und daher den Sinn einer sakramental vermittelten
Sendung und den damit gegebenen eigenständigen Charakter des
Amtes in der Kirche nicht verstehen."*[26]

Im Blick ist hier noch nicht eine Krise des Sakramentalen an sich,
sondern zunächst nur der Zweifel am besonderen sakramentalen
Charakter der Kirche, der weitreichende Konsequenzen für die
Begründung des besonderen Priestertums mit sich brachte. Denn
das Miteinander von gemeinsamem und besonderem Priestertum
sowie gleichzeitig die „unaufhebbare Differenz"[27] zwischen beiden lassen sich allein gnadentheologisch-sakramental verstehen.
Ginge das Verständnis verloren, dass das Heilswirken Jesu im sakramentalen Geschehen durch die Kirche vermittelt wird, wäre
das besondere Priestertum und das mit ihm verbundene Amt nur
noch schwer verständlich.

In den Jahrzehnten nach dem Konzil war es ein Schwerpunkt
der umfangreichen lehramtlichen und theologischen Diskussion,
das Wesen des besonderen, ordinationsgebundenen Priesteramts
im Verhältnis zum gemeinsamen Priestertum der Laien einerseits
und zu den Bischöfen andererseits herauszuarbeiten. Laien und
Bischöfe waren erstarkt aus dem Konzil hervorgegangen, die
Priester erschienen dagegen als „Stiefkinder des Konzils"[28], wie
es Otto Herrmann Pesch schließlich (inzwischen viel zitiert) formulierte. Anders als die deutschsprachigen Bischöfe 1970 noch
voller Optimismus formulierten, schien der Priester nicht von seiner ekklesiologischen Ortlosigkeit befreit zu sein. Es stellte sich
von zwei Seiten her die Frage einer originären Abhängigkeit des
priesterlichen Amtes: zum einen von der Sendung und Berufung
des gemeinsamen Priestertums aller Gläubigen, zum anderen von

---

26 Ebd., S. 57 (Nr. 38).
27 Ebd., S. 58 (Nr. 39).
28 Pesch, Das Zweite Vatikanische Konzil, S. 264.

der Fülle des priesterlichen Amtes, wie es das Konzil im Bischofsamt verwirklicht sah. Spätestens mit dem drastischen Absinken
der Zahl der Priesteramtskandidaten und Weihen Anfang der
1970er-Jahre fand diese neue Unsicherheit um das Wesen des
priesterlichen Dienstes eine deutlich sichtbare Entsprechung.
Das weitaus größere Interesse der Diskussion galt dabei dem
Verhältnis zwischen gemeinsamem und besonderem Priestertum.
In einer Reihe von einflussreichen Entwürfen vor allem der 1970er-
Jahre sieht Gisbert Greshake einen „Gegenpendelschlag gegen ein
übersteigertes vorkonziliares Amtsverständnis"[29], der das Amt nicht
christologisch und sakramental begründet, sondern wesentlich von
der gemeinsamen Berufung aller Getauften zum Volk Gottes her-
leitet. Das Amt ist damit das Charisma der Leitung, das eine Gemeinschaft aus soziologischer Notwendigkeit heraus benötigt.[30]
Das Priesteramt sah sich in seiner sakramentalen Legitimation einem zunehmenden Druck ausgesetzt, der 1971 in Hans Küngs
Buchtitel prägnant zum Ausdruck kam: „Wozu Priester?"[31]

3.4 Das Priesterbild im Wort der Bischöfe
„Gemeinsam Kirche sein" (2015)

Eine für die Frage nach dem Priesterbild im deutschen Sprach-
raum aufschlussreiche Aktualisierung der Konzilsaussagen zum
Priesteramt findet sich im Wort der Bischöfe zur Erneuerung der
Pastoral „Gemeinsam Kirche sein" (2015). Das Dokument möchte
eine Relecture von *Lumen gentium* und der Pastoralkonstitution
Gaudium et spes vornehmen.[32] Es dreht sich wesentlich um die Fra-

---

29 Greshake, Priester sein in dieser Zeit, S. 46. Greshake bezieht sich auf Entwürfe
von Hans Küng, Leonardo Boff, Edward Schillebeecks und Herbert Haag.

30 Vgl. ebd., S. 48f.

31 Küng, Wozu Priester, Zürich u. a. 1971.

32 „Es ging uns darum, die theologisch-geistliche Sicht von Kirche, die das Konzil uns
vorgelegt hat, für die Pastoral der Kirche und ihre Träger und Akteure fruchtbar zu machen," kommentiert Bischof Franz-Josef Bode die Vorstellung des Dokuments im Sep-

ge, wie bei einem immer dramatischer werdenden Priestermangel kirchliches Leben durch eine umfassende und theologisch grundgelegte Einbeziehung von Laien gestaltet werden kann.

Schwerpunkt von *Gemeinsam Kirche sein* ist die Grundlegung und Würdigung der Befähigung und Berufung von Laien zur aktiven Mitgestaltung kirchlichen Lebens. Wie in *Lumen gentium* wird der Betrachtung der Verschiedenheit von Berufungen, Diensten und Ämtern die grundlegende Bedeutung der gemeinsamen Berufung aller Christen durch die Taufe vorangestellt. Dabei ist es dem Dokument ein großes Anliegen, den handlungsorientierten, dynamischen Aspekt der Taufe stark zu machen:

„Die Taufe ist [...] missverstanden, wenn man sie ausschließlich als ein punktuelles Ereignis begreift und ihre dynamische Entfaltung im Leben des Getauften ausblendet. Was Gott in einem Menschen in der Taufe ein für alle Mal zugesagt hat, das will täglich aufs Neue realisiert werden."[33]

Für diesen dynamischen Aspekt der Taufe etabliert das Dokument etwas überraschend den (im Konzil bereits verwendeten) paulinisch geprägten Begriff der „Heiligkeit". Er bringe jene Intention des Konzils zum Ausdruck, dass Laien ermutigt werden sollen, „ihre geistliche Autorität, die ihnen im Glauben durch Taufe und Firmung verliehen worden ist, wahrzunehmen und zu entwickeln."[34]

Die Heiligkeit als eine „Grundberufung jedes Getauften"[35] erfordert „eine Pastoral, die der Berufung aller Menschen zur Heiligkeit dient."[36] Diese Pastoral wird verbunden mit zentralen Ele-

tember 2015 und unterstreicht damit dessen handlungsorientierte Ausrichtung. Zitiert nach www.katholisch.de (aufgerufen September 2015).

33 *Gemeinsam Kirche sein* 1a, S. 13f.
34 Ebd., S. 15.
35 Ebd., 1c, S. 17.
36 Ebd., 2, S. 19.

menten der paulinischen Charismenlehre.[37] Bei aller ausführlichen und positiven Würdigung der Charismen des Einzelnen ist sich das Dokument auch der potenziellen Zentrifugalkraft bewusst, die davon ausgehen kann:

„Je mehr die vielen verschiedenen Charismen das Leben einer Pfarrei und kirchlichen Gemeinschaft prägen, umso deutlicher stellt sich auch die Frage nach dem Zusammenhalt dieser vielfältigen charismatischen Ausdrucksformen."[38]

Hier kommt der ausdrücklich sakramental begründete Verweis auf die zentrale Bedeutung der Eucharistie ins Spiel:

„Der je persönliche Berufungsweg der einzelnen Christen wird durch die Eucharistie zu einem gemeinsamen Weg mit den anderen Glaubenden und mit der ganzen Kirche."[39]

Freilich wird an dieser Stelle eine Spannung sichtbar: Einerseits ist die Eucharistie als Mittelpunkt kirchlichen Lebens zumindest am Sonntag unersetzlich, andererseits ist es längst nicht mehr allen Gläubigen möglich, an der sonntäglichen Eucharistie teilzunehmen.[40] Die vorgeschlagene und in der Praxis längst etablierte Lösung kann nur eine provisorische sein: „Dann ist es gut, dass die Gläubigen auch dort zum Gebet zusammenkommen, wo ansonsten gar kein Gottesdienst mehr gefeiert würde."[41] Allerdings berge diese Praxis auch Konfliktpotential, „wenn aus dieser Not heraus vor Ort liturgische Ersatzformen und ein gemeindliches Leben entwickelt werden, das sich vom sakramentalen Leben der Kirche abkoppelt und ohne Verbindung zum Priester auszukommen

---

37 Ebd., S. 19–22.
38 Ebd., 2b, S. 23.
39 Ebd., S. 24.
40 Ebd., S. 26.
41 Ebd.

meint."[42] An dieser Stelle kommt nun zum ersten Mal der priesterliche Dienst ins Spiel – unglücklicherweise gleich in einer Frontstellung zu den Laien, da in diesen Situationen „Verdacht und Misstrauen des Klerus den Laien und der Laien dem Klerus gegenüber"[43] entstehen könnten. Bezeichnenderweise droht dieser Konflikt an der Stelle aufzubrechen, wo es um die sakramentale Identität der Kirche geht, die ihren Höhepunkt in der Feier der Eucharistie hat. Der sakramentale Charakter der Eucharistiefeier wird dabei ausdrücklich auch von ihrem Sammlungscharakter her bestimmt:

> „Darum ist die Eucharistie auch die Feier, in der die Einheit der vielen verschiedenen Charismen in der Kirche immer wieder von neuem sakramental vertieft wird. [...] Keiner kann allein den Weg des Glaubens gehen."[44]

Konsequenterweise folgt daraus eine zentrale Anforderung an den Dienst des Priesters:

> „Vor allem für die Priester und für alle, die hauptberuflich in der Kirche tätig sind, gilt, dass sie ihren Aufgaben nur gerecht werden, wenn sie alle Gläubigen ermuntern, sich mit ihren je persönlichen Charismen in das Leben der Kirche einzubringen."[45]

Dem Priester kommt damit vorrangig eine gemeindebildende Funktion zu, die in der Feier der Eucharistie ihre sakramentale Entsprechung findet.

Der priesterliche Dienst wird in direktem Zusammenhang mit dem gemeinsamen Priestertum aller Gläubigen und auf dieses bezogen näher charakterisiert:

---

42 Ebd., 2c, S. 27.
43 Ebd.
44 Ebd., 2b, S. 24.
45 Ebd., 2c, S. 28.

„Der Dienst des Priesters zielt dahin, dass alle Getauften immer tiefer Christus selbst erkennen und lieben und so immer tiefer in ihre allen Getauften gemeinsame priesterliche Berufung hineinfinden und aus ihr leben."[46]

In einer ganzen Reihe von Formulierungen stellt sich das Dokument gegen die Vorstellung, der Priester habe irgendeine geistliche Vorrangstellung gegenüber den Gläubigen: Der priesterliche Dienst sei keine „Intensivierung des Christseins"[47], das Amt liege „nicht auf der Ebene gesteigerten Christseins"[48] und er könne nicht „einen höheren spirituellen Anspruch im Christsein beanspruchen"[49]. Die bekannte Verhältnisbestimmung des gemeinsamen Priestertums und des priesterlichen Dienstes in *Lumen gentium* 10, dass sich beide „dem Wesen und nicht bloß dem Grade nach" unterscheiden, wird entsprechend ganz auf die Gemeinde hin interpretiert:

„Es [das Amt] ‚vollzieht' nämlich ‚in der Person Christi', also in seinem Namen und in seiner Vollmacht, z. B. die Eucharistiefeier und die anderen dem Priester vorbehaltenen Handlungen. Die dem Priester mit der Weihe verliehene geistliche Vollmacht ist somit eine Vollmacht zum Dienst an den Gläubigen."[50]

Das Dokument betont an vielen Stellen den Dienstcharakter des Priesteramtes. Bei dessen Entfaltung wird die Glaubwürdigkeit des priesterlichen Wirkens abhängig gemacht von der persönlichen Glaubwürdigkeit des Priesters:

---

46 Ebd., 4b, S. 37.
47 *Gemeinsam Kirche sein* 4b, S. 39
48 Ebd.
49 Ebd., S. 38.
50 Ebd., S. 39.

„Weil es aber einen Unterschied zwischen Amt und Person gibt, wird ebenfalls deutlich, dass der einzelne Priester nur dann glaubwürdig ist, wenn er selbst auch existentiell in und aus der Gegenwart Christi lebt. Geistliche Autorität empfängt ihre Kraft und Fruchtbarkeit letztlich aus innerer Nähe und Gemeinschaft mit dem Herrn, aus dem ‚Bleiben in ihm' (Joh 15,5)."[51]

Welche Konsequenzen hat die Differenzierung zwischen Amt und Person, wie sie hier vorgeschlagen wird? Ist damit die „innere Nähe und Gemeinschaft mit dem Herrn" ein Kriterium für die Legitimität seines priesterlichen Wirkens? Und wer beurteilt, ob ein Priester „existentiell in und aus der Gegenwart Christi" lebt und „nur dann glaubwürdig" ist? Freilich sind die genannten Kriterien unabdingbare *Voraussetzungen* dafür, dass jemand zum Priester geweiht und damit Amtsträger werden kann. Die Autorität des Priesters als Amtsträger ist aber *nicht* davon abhängig. Wie oben erwähnt, legt das Schreiben der Bischöfe zum priesterlichen Dienst von 1970 genau auf diesen Aspekt großen Wert: „Die Lehre von der Sakramentalität des Ordo hat also von ihrem Ursprung her gerade nicht die Aufgabe, die besondere ‚Heiligkeit' seines Trägers auszusagen, sondern die bleibende Differenz zwischen Amt und subjektiver Heiligkeit zum Ausdruck zu bringen."[52]

Es wäre falsch, in *Gemeinsam Kirche sein* eine Infragestellung des sakramentalen Grundverständnisses des priesterlichen Dienstes zu sehen, zumal dieses an anderer Stelle deutlich betont wird. Das Dokument bringt allerdings eine amtstheologisch bedeutsame und folgenreiche Realität des Gemeindealltags zum Ausdruck: Die faktische Anerkennung eines Priesters als Gemeindeleiter und Vorsteher der Eucharistiefeier hängt nicht von der sakramentalen Qualität seines Amtes ab, sondern davon, ob ihn

51 Ebd., S. 37.
52 Vgl. Schreiben der Bischöfe des deutschsprachigen Raumes über das priesterliche Amt (1970), S. 51 (Nr. 33); vgl. Kap. 3.3.

die Gemeinde als persönlich und fachlich geeignet ansieht.[53] Hier droht eine seltsame Re-Klerikalisierung des Priesters: Er ist nur dann glaubhafter Amtsträger, wenn er in besonderer Weise „Nähe und Gemeinschaft mit dem Herrn" pflegt.

Neben dieser konsequenten Rückbindung des priesterlichen Dienstes an die Gemeinde und das gemeinsame Priestertum der Gläubigen bringt ein zweiter Argumentationsgang einen weiteren, jetzt ausdrücklich amtlich-sakramental entfalteten Aspekt des priesterlichen Dienstes ein: Dieser umfasse als „Dienst an der Einheit des Gottesvolkes"[54] auch die Sorge dafür, „dass der Maßstab des Evangeliums und der Glaube der Kirche – gegebenenfalls auch korrigierend – eingebracht und gewahrt werden."[55] Damit kommt zur Sprache, dass der Priester in seinem Dienst nicht nur auf die Gemeinde verwiesen ist, sondern auch auf deren Integration und Rückbindung in die Diözese und die gesamte Kirche:

„In ihrer sakramentalen Bindung an die Kirche als Ganzer im Kollegium der Bischöfe und in Gemeinschaft mit dem Papst tragen die geweihten Diener besondere Verantwortung für die Einheit der Christinnen und Christen untereinander in der Weltkirche. Diese Verantwortung gehört zu ihrem Dienst der Versöhnung."[56]

Diese Dimension des priesterlichen Dienstes wird im Dokument allerdings nur am Rande ausgeführt. Der priesterliche Dienst ist in *Gemeinsam Kirche sein* vor allem Gemeindedienst, der Charis-

---

53 Rainer Bucher hat diese Entwicklung treffend ins Wort gefasst: „Es kommt jetzt nicht mehr so sehr darauf an, wie er [der Priester] sich selbst versteht und/oder amtlich verstanden, als vielmehr darauf, wie er von anderen wahrgenommen wird. Entscheidend ist dann, wie das eigene Selbstverständnis, das eigene Handeln und die Fremdwahrnehmung zusammenspielen und welche Wirkungen dieses Zusammenspiel entfaltet." Bucher, Offenkundig gefährdet, S. 573.
54 *Gemeinsam Kirche sein* 4b, S. 37.
55 Ebd.
56 Ebd., 5b, S. 45.

men entdeckt, fördert und koordiniert und dadurch auch Dienst an der Einheit der Kirche ist. Welche Aussagen zum Priesterbild lassen sich damit *Gemeinsam Kirche sein* entnehmen? Sicherlich ist es nicht Ziel und Anspruch des Papieres, den priesterlichen Dienst umfassend zu beschreiben. Interessant sind allerdings einige Akzente, die das Papier im Blick auf das Priesteramt setzt. Leicht erkennbar sind zwei Argumentationsstränge, die ineinander verwoben und doch teils unverbunden aneinandergereiht sind. Einerseits wird an mehreren Stellen unmissverständlich und in auffallend affirmativer Weise festgestellt, dass der Dienst des Priesters unverzichtbar für das Leben der Kirche ist, weil er deren sakramentale Dimension vergegenwärtigt. Andererseits spielt im zentralen Argumentationsstrang des Dokuments bei der Konkretion des priesterlichen Dienstes die amtlich-sakramentale Dimension seines Handeln kaum eine Rolle. Der priesterliche Dienst ist ganz auf die Förderung des gemeinsamen Priestertums der Gläubigen ausgerichtet.

Diese Beschreibung des priesterlichen Dienstes entspringt der offensichtlichen Absicht, einer falsch interpretierten institutionellen, theologischen oder geistlichen Vorrangstellung des Priesters vor dem gemeinsamen Priestertum der Gläubigen entgegenzutreten. An vielen Stellen geht das Dokument von einer latenten oder offen zu Tage tretenden Konkurrenzsituation zwischen Priestern und Laien, zwischen Dienstpriestertum und gemeinsamem Priestertum aus. Es lässt sich deutlich herauslesen, dass es sich dabei nicht nur um einen praktischen Konflikt einer Umbruchsituation handelt, sondern auch um das alte, seit dem Konzil bekannte theologische Problem des unklaren ekklesiologischen Ortes des Priesters in Gemeinde und Kirche. Mehr als in *Lumen gentium* wird dabei in einer stark paulinisch geprägten Theologie ein dynamischer, handlungsorientierter Aspekt der Taufe betont, der alle Gläubigen zu umfassendem Mitwirken in Gemeinde und Kirche befähige und sich in ihren Charismen zeige. Der priesterliche Dienst wird in diesem Argumentationsgang ganz vom gemeinsamen Priestertum der Gläubigen her definiert und legitimiert.

Interessanterweise ist es dann aber doch die sakramentale Dimension des Weiheamtes, in der *Gemeinsam Kirche sein* bei der Frage nach den Leitungsdiensten in der Kirche den Schlüssel für die Entschärfung von Konfliktsituationen zwischen Priestern und Laien findet:

> *„Der sakramental fundierte Leitungsdienst des Priesters in Gemeinschaft mit dem Bischof ermöglicht und verdeutlicht, dass es Christus ist, der in der Kirche führt und leitet.“*[57]

Damit wird der sakramental begründete Verweischarakter des priesterlichen Dienstes ins Spiel gebracht und weiter entfaltet:

> *„Beim Handeln ‚in persona Christi capitis' (in der Rolle Christi des Hauptes) geht es um den Verweis auf Christus und um die Differenz in der Verweisung: Durch die Person des Priesters handelt Christus selbst. Christus ist die Quelle der Einheit.“*[58]

Der Leitungsdienst in der Kirche ist damit immer und von allen Beteiligten – Priestern wie Laien – auf Christus als den wahren Leiter der Kirche hin auszurichten. Das Machtgefüge in einer Gemeinde verschiebt sich damit nicht nur geistlich oder in einem ideellen Sinn, sondern im sakramentalen Selbstverständnis der Kirche auch faktisch auf Christus hin.[59]

---

57 Ebd., S. 43.
58 Ebd., S. 44.
59 Michael Bredbeck, Mitarbeiter in der Priesterfortbildung in Paderborn (2015), macht im Blick auf das Miteinander von Priestern und Laien auf die (für den Priester) entlastende Wirkung aufmerksam: „Wenn der Ansatz einmal ‚verstanden' ist, wird er äußerst entlastend wirken. Denn der sakramentale Dienst der Priester wird ja in keiner Weise relativiert, im Gegenteil, er wird profiliert und attraktiver, wenn er aus der Fessel des für alles Verantwortlichen befreit wird. Der sakramentale Dienst ist ein Vorsteherdienst, kein Allzuständigkeitsauftrag in Organisation, Administration oder Pastoral." Sellmann, Berufung greift weiter als Taufe, S. 417f. Freilich bleibt die schwierige Frage, wie die konkrete Gemeindeleitung eines Pfarrers und die ausdifferenzierte Leitungsverantwortung vieler/mehrerer anderer Mitarbeiterinnen und Mitarbeitern praktisch koordiniert und verlässlich strukturiert werden kann.

Orientierungen

Der Priester ist in *Gemeinsam Kirche sein* damit zum einen ganz
verwiesen auf das gemeinsame Priestertum aller Gläubigen, wie
es sich im Gemeindeleben konkret in den vielfältigen Charismen
zeigt. Er hat diese wahrzunehmen, zu fördern und zusammen-
zuführen. Zum anderen verweist er in seinem amtlich-sakramen-
talen Handeln ganz auf Christus und fördert als Vorsteher der Eucharistiefeier die Verbindung der Gemeinde untereinander und
deren Rückbindung an die Ortskirche, ihren Bischof und schließlich die Weltkirche. Das Dokument bleibt hier ganz in der Tradition des Konzils: Es beschreibt den priesterlichen Dienst theologisch zum einen vom erstarkten gemeinsamen Priestertum her,
zum anderen rückgebunden an Bischof und Weltkirche. *Gemeinsam Kirche sein* hat ebenso wie das Konzil Probleme damit, beide
Dimensionen des priesterlichen Dienstes spannungsfrei in ein
Priesterbild zu integrieren. Die Plausibilität der „Funktion" des
Priesters in Gemeinde und Kirche hängt schließlich auch hier
ganz davon ab, ob diese als sakramentale Wirklichkeit verstanden
werden.

3.5 Ertrag: Der priesterliche Dienst als gnadentheologisch
    begründetes, „pontifikales" Dienstamt

Die ekklesiologische Verortung des priesterlichen Dienstes bliebe
schwierig, wollte man diese in einer hierarchischen Denkweise
zwischen den beiden starken Polen des gemeinsamen Priestertums aller Gläubigen und der „Fülle des Weiheamtes" der Bischöfe vornehmen. Die Folge wäre eine defizitär angelegte Argumentation, die das Profil der einzelnen Glieder des Volkes Gottes
durch Einschränkungen und Abgrenzungen auf der Ebene von
Vollmacht und Funktion herausbildet. Die wesenhafte Notwendigkeit des priesterlichen Dienstes im Gesamtgefüge der Kirche
könnte dadurch kaum erfasst werden. Das Konzil geht von dieser
Notwendigkeit allerdings selbstredend aus, indem es konstatiert,
dass „diesem Stand jedoch bei der Erneuerung der Kirche Christi

höchst bedeutsame und unstreitig immer schwierigere Aufgaben zukommen"[60]. Diese Aufgaben werden dadurch bestimmt, dass der Priester Beziehung und Einheit herstellt innerhalb der Gemeinde, zwischen ihr und dem Bischof und darüber hinaus der gesamten Kirche. In diesem Sinne ist er „Pontifex", Brückenbauer.[61] Dieser Einheitsdienst geschieht zuerst nicht funktional in den Kategorien von Kommunikation, Mediation und Vermittlung, sondern sakramental und findet seinen vollkommensten Ausdruck in der Feier der Eucharistie.

In *Gemeinsam Kirche sein* wird diese Bedeutung der Eucharistiefeier und damit verbunden die Rolle des Priesters einerseits klar herausgestellt. Andererseits lässt das Papier gut erkennen, dass diese sakramentale Vermittlung immer schwerer nachvollziehbar wird. Zum einen wird an zahlreichen Stellen betont, dass der sakramentale Charakter des priesterlichen Dienstes keine wie auch immer geartete besondere persönliche Vorrangstellung der Person des Priesters bezeichnet. Zum anderen tendiert das Papier an manchen Stellen selbst dazu, die faktische Anerkennung eines Priesters als Gemeindeleiter nicht vom sakramentalen Amt herzuleiten, sondern von seiner persönlichen und fachlichen Eignung (die als *Voraussetzung* für die Weihe selbstredend gegeben sein muss).

Wenn in *Gemeinsam Kirche sein* auch einerseits ersichtlich wird, dass eine Erfassung der sakramentalen Dimension des priesterlichen Dienstes mehr und mehr zu einer Herausforderung wird, so findet das Dokument andererseits gerade in der Sakramentalität des Amtes den Schlüssel zu einer angemessenen Sicht auf die Rolle des Priesters in der Gemeinde: In seinem Handeln verweist er nicht auf sich selbst, sondern ganz auf Christus und seine Heils-

---

60 Vgl. *Presbyterorum ordinis* 1.
61 Paul Zulehner hat den Begriff „pontifikales Amtsverständnis" bereits 2001 in seiner groß angelegten Studie „Priester 2000" verwendet, um einen bestimmten Priestertyp zu beschreiben. Vgl. Zulehner, Sie gehen und werden nicht matt, S. 42–48; Vgl. auch Jacobs/Bredeck, Das Geheimnis des Türhüters. Priester als Brückenbauer im Umbruch.

tat hin. Der Priester handelt zwar selbst, aber nicht für und aus sich selbst. Er handelt mit Blick auf den Auferstandenen. Nur auf diese Weise kann er seiner „pontifikalen" Funktion gerecht werden, indem er der Gemeinde dazu verhilft, über sich selbst hinaus zusammen mit dem Bischof und der ganzen Kirche auf Christus zu schauen.

Dieser Dienst beruht letztlich nicht auf den Fähigkeiten, den Qualifikationen oder dem Charisma des Priesters (so wichtig diese als Voraussetzung für den Dienst auch sein mögen), sondern auf der gnadenhaften Zuwendung Gottes im Sakrament der Weihe. Da der Priester die Weihegnade letztlich ohne eigenes Verdienst empfängt, kann er sie anschließend nicht zum eigenen Verdienst machen. Alles was er hat, hat er aus der Gnade Gottes, was jede Selbstüberhöhung oder klerikale Anmaßung von vorneherein verbietet. Er ist darüber hinaus Zeichen dafür, dass die ganze Kirche nur aus der Gnade Gottes lebt.[62] Es gibt damit keine Vermittlung eines Priesterbildes ohne die Vermittlung des grundlegenden Wesens eines Sakramentes als gnadenhaftem Wirken Gottes am Menschen.

In der Priesterausbildung geschieht diese Vermittlung zum einen im Studium und in der gesamten theologischen Ausbildung. Genauso wichtig ist es aber, einen Lebens- und Glaubenskontext zu schaffen, in dem dieser gnadentheologische Horizont des Priesteramtes erlebt und erprobt werden kann. Die Schaffung dieses Kontextes ist eine der Hauptaufgaben eines Priesterseminars und darüber hinaus auch ein wesentlicher Aspekt seiner Existenzberechtigung. Denn ohne einen gemeinschaftlichen Rahmen kann die gnadentheologische Dimension des sakramentalen Weiheamtes schwerlich vermittelt werden. Es braucht die Gemeinschaft, um im gemeinschaftlichen Leben und Beten erfahren zu können, dass das gnadenhafte Wirken Gottes den einzelnen Menschen dazu befähigen kann, seine Selbstbezogenheit auf die Anderen und Gott hin zu übersteigen. Und schließlich ist der gemein-

---

62 Vgl. dazu Fuchs, Das Weiheamt im Horizont der Gnade, S. 113–116.

schaftliche Weg in einem Seminar unerlässlich, um Räume zu schaffen, in denen eigene, biografisch erworbene und oft nachhaltig gefestigte Priesterbilder korrigiert und erweitert werden können. Nur auf diese Weise kann aus den komplexen Bestimmungsfaktoren des nachkonziliaren Priesterbildes eine echte, tragfähige und theologisch verantwortete priesterliche Identität entstehen. Als geistlicher „Brückenbauer" muss der Priester schließlich wissen, worauf die Brückenpfeiler ruhen. Er muss seine Gemeinde, ihre Nöte und Sorgen, ihre Fragen und Zweifel, ihren Glauben und ihr Hoffen kennen und verstehen. Er muss diese in einen lebendigen Austausch bringen mit der Praxis und Lehre der Kirche, mit der er in gleicher Weise vertraut sein muss. Dieser Austausch ist kein Abstraktum. Er ereignet sich ganz konkret in einer Gemeinde, einem Seelsorgeverband. Er hat den je spezifischen Hintergrund der pastoralen Situation einer Diözese, die sich von anderen Diözesen sehr unterscheiden kann. Diese Situationen muss der Priester kennen, verstehen lernen und erleben, und zwar dort, wo er später seinen Dienst tatsächlich auch tun wird. Deshalb fordert *Presbyterorum ordinis* von den Priestern, „dass sie sich dieser Welt nicht gleichförmig machen", zugleich aber auch, „dass sie in dieser Welt unter den Menschen leben, dass sie wie gute Hirten ihre Herde kennen."[63] Dieses „unter den Menschen leben" ist nicht nur eine Metapher für einen Wirklichkeitszugang, sondern eine ganz konkrete Aufforderung: Kein Priesteramtskandidat kann sich ernsthaft auf seinen Dienst vorbereiten ohne die Menschen zu kennen, für und mit denen er diesen Dienst später ausüben wird. Für die Seminarkonzeption bedeutet dies, dass sie nicht nur die Gemeinschaft der Priesteramtskandidaten in Betracht ziehen muss, sondern darüber hinaus verschiedene Kontaktmöglichkeiten der Priesteramtskandidaten mit der konkreten pastoralen Wirklichkeit einer Diözese.

---

63 Vgl. *Presbyterorum ordinis* 3.

4
Innovative Inhalte in traditionellen Strukturen: Priesterbild und Seminarkonzeption in Dokumenten zur Priesterausbildung

4.1 Die „Ratio fundamentalis" (1970): Leitfaden für die Seminarkonzeption

Das maßgebliche Bestimmungskriterium der Priesterausbildung war in den letzten Jahrzehnten das Priesterbild des Konzils – mit allen neuen Standortbestimmungen, aber auch mit allen Unklarheiten, die verblieben waren. Die Dokumente zur Priesterausbildung waren deshalb stets ein zentraler Ort für die praktische Weiterentwicklung und Konkretisierung des Priesterbildes. Gleichzeitig transportierten sie aber auch offene Fragen des Konzils in die Seminarkonzeptionen.

Das erste entsprechende Dokument von weitreichender Bedeutung war die *Ratio fundamentalis* der Kongregation für das Katholische Bildungswesen von 1970, die eine Grundordnung für die nationalen Ordnungen der Priesterausbildung vorgab.[1] Die Bedeutung dieses Dokuments für die Priesterausbildung und darüber hinaus für die Entwicklung des Priesterbildes nach dem Konzil kann kaum überschätzt werden. Die *Ratio fundamentalis* bringt notwendige Präzisierungen zu *Optatam totius* und erarbeitet eine Grundkonzeption von Priesterausbildung. Es herrscht wohl zurecht Konsens darüber, dass dem Dokument dies gelungen ist.[2]

Gleich zu Beginn (Nr.1) wird die Notwendigkeit der Existenz der Priesterseminare herausgestellt. *Optatam totius* hatte diese keineswegs in Frage gestellt, sondern selbstverständlich vorausgesetzt. Allerdings blieben Fragen bezüglich der Zielsetzung und Le-

---

1 Vgl. dazu auch Nicolay, Zeitgerechte Priesterbildung, S. 254–260.
2 Vgl. ebd., S. 259f.

gitimation des Seminars offen. Die *Ratio fundamentalis* begründet die Seminare zunächst recht formal mit den Vorgaben des Konzils und der kirchlichen Tradition, bezieht sich dann aber sofort auf die positiven Eigenschaften des Seminars als Raum der Vertiefung der Berufung:

> *„Das Seminar hat nämlich als Gemeinschaft junger Menschen seine Bedeutung vor allem darin, daß es geeignet ist, eine Atmosphäre zu schaffen, in der künftige Priester heranwachsen können. Die Studenten selbst sind für die Atmosphäre mit verantwortlich."*[3]

Im weiteren Verlauf fällt positiv auf, dass an vielen Stellen die lebensweltliche Situation der Priesteramtskandidaten in den Blick genommen wird und Regelungen aus dieser Perspektive heraus entstehen. Die darauf aufbauende Seminarkonzeption nimmt bewusst die „die heutigen Zeitverhältnisse und ihre besonderen Anforderungen in Hinblick auf die Erziehung"[4] in den Blick und leitet damit nach dem theoretischen Paradigmenwechsel des Konzils auch dessen praktische Variante in den Seminaren ein.

Die *Ratio fundamentalis* bereitet damit einer innovativen und dynamischen Entwicklung der Seminare den Boden. An einer zentralen Stelle bleibt der zugrunde liegende Seminargedanke jedoch unverändert: Es wird vorausgesetzt, dass die *grundlegende Berufungsklärung der Seminaristen bereits erfolgt ist.* Die *Ratio fundamentalis* bleibt hier ganz selbstverständlich auf der Linie, die *Optatam totius* vorgegeben hatte: Ins Priesterseminar tritt ein junger Mann ein, der Priester werden will. Er tut diesen Schritt zu Beginn seiner Ausbildung, in der eine Vertiefung und Festigung dieser Berufung erfolgen soll. Gleichzeitig obliegt es der Seminarleitung in dieser Zeit, diese Berufung aus ihrer Sicht zu prüfen und damit aus kirchlicher Perspektive zu objektivieren. Die Vor-

---

3 *Ratio fundamentalis*, S. 81.
4 Ebd., S. 83.

Orientierungen

entscheidung zum priesterlichen Dienst hat der Seminarist jedoch
schon getroffen:

> *„Vor allem ist den Alumnen zu helfen, daß sie vor Gott ernsthaft und
> aufrichtig überlegen, ob sie zu Recht glauben dürfen, zum Priester-
> tum berufen zu sein."*[5]

Bei der Aufzählung der Voraussetzungen eines Priesterseminars
wird dies besonders deutlich. Gefordert wird „die Möglichkeit,
die Berufung zum Priesteramt zu prüfen und bestimmte Kennzei-
chen und Eigenschaften festzustellen, damit dem Bischof über die
Eignung des Kandidaten zum Priesterberuf ein sicheres Urteil ab-
gegeben werden kann."[6] Gemeint ist die Möglichkeit der Über-
prüfung der Berufung *durch die Seminarleitung*. Eine grundsätzlich
erkannte und geklärte Berufung auf Seiten des Seminaristen wird
auch hier vorausgesetzt.

Es ist offensichtlich, dass die *Ratio fundamentalis* die grundsätzliche Ermöglichung der Berufungsklärung für den Kandidaten
nicht als Aufgabe des Priesterseminars ansieht. Diese Klärungen
(die grundsätzliche Frage also, ob ein junger Mann Priester werden möchte oder nicht) müssen in aller Regel im Vorfeld vollzogen werden. Im Entstehungskontext der *Ratio fundamentalis*
war dies eine offenkundige Selbstverständlichkeit, zumal das
Kleine Seminar oder ähnliche Einrichtungen der Vorbildung und
Vor-Klärung nach wie vor vorausgesetzt wurden. Die *Ratio fundamentalis* entwickelt die Seminarkonzeption also einerseits weit-
sichtig und unter kluger Integration der Vorgaben des Konzils
weiter. Sie geht dabei andererseits von einer Gruppe von Priesteramtskandidaten aus, die zu Beginn der Ausbildung in ihrer Berufungsklärung bereits weit fortgeschritten ist. Das Seminar bleibt
damit ein fest gefügtes, bei aller neuen Offenheit doch insofern
geschlossenes System, als es nur für Kandidaten konzipiert ist,

---

5 Ebd., 39, S. 155.
6 Ebd., 20, S. 135, Fußnote 74.

die sich ihres Zieles bereits bei Seminareintritt relativ sicher sind. Einerseits berücksichtigt das Seminar „die heutigen Zeitverhältnisse und ihre besonderen Anforderungen im Hinblick auf die Erziehung"[7]. Andererseits tut es dies aber nur in einem Seminarkontext, der traditionell fest gefügte und vorgegebene Berufungswege kennt.

Bemerkenswert ist, dass die *Ratio fundamentalis* trotz des Festhaltens an der Vorstellung traditioneller Berufungsprozesse von einem Priesterbild ausgeht, das nicht nur die Vorgaben des Konzils aufnimmt, sondern diese in Beziehung zueinander bringt. Dabei werden die Kernaussagen von *Optatam totius, Presbyterorum ordinis* und *Lumen gentium* in Verbindung gebracht mit den Grundlinien der Pastoralkonstitution *Gaudium et spes.*

> „Das priesterliche Amt, wie es von der Kirche in seinem Wesen definiert ist, muß heute unter ganz neuen Bedingungen ausgeübt werden, die sich aus neuen Bedürfnissen der Menschen und aus der Eigenart der modernen Kultur ergeben. [...] Je mehr sich – unter den starken gesellschaftlichen Wandlungen – der Einfluß des Menschen in der Welt durchsetzt, um so weniger Raum wird den von alters her überkommenen christlichen Lebensformen zugestanden. [...] Diese mannigfaltigen Aspekte der Kultur unserer Zeit muß man sich ständig vor Augen halten, denn auf sie müssen Dienst und Leben des Priesters und die Vorbereitung auf sein Amt ausgerichtet sein."[8]

Die *Ratio fundamentalis* setzt damit einen Rahmen für die Priesterausbildung, der von einem modernen, die Zeichen der Zeit ernst- und aufnehmenden Priesterbild ausgeht. Gleichzeitig gesteht sie ihrer Gegenwartsanalyse kaum Relevanz für die Berufungssituation der Priesteramtskandidaten zu. Zwar wird durchaus damit gerechnet, dass der Priesteramtskandidat eine „noch zu überwindende Art einer von Zweifeln und Kritik allzu sehr geprägten Ein-

---

7 Ebd., S. 83.
8 Ebd., S. 99.

stellung zum Glauben"[9] haben könne. Darin müsse aber kein Nachteil liegen, weil er damit Erfahrungen machen könne, die später im Umgang mit der „unsicheren und schwankenden Religiosität" der Menschen hilfreich sein könnten. Es kommt aber nicht in den Blick, dass der Priesteramtskandidat selbst in einer komplexen und uneindeutigen Umwelt seine Berufung suchen und finden muss. Man könnte es auch so formulieren: Der Priesteramtskandidat der *Ratio fundamentalis* kommt noch aus der vorkonziliaren Welt und lässt sich im Seminar für die nachkonziliare Wirklichkeit erziehen.

Gleichwohl lieferte die *Ratio fundamentalis* einen guten und gelungenen Entwurf für die nationalen Rahmenordnungen der Priesterausbildungen. Ihre Wirkmacht war groß, ihre praktische Relevanz für die einzelnen Seminarkonzeptionen größer als die der einzelnen Konzilsdokumente. Sie bildet, seit 1985 in revidierter Form[10], bis heute die Grundlage für das Selbstverständnis eines Priesterseminars. Damit bleiben aber auch die offenen Fragen im Blick auf das damit verbundene Berufungsverständnis.

4.2 Das nachsynodale Apostolische Schreiben „Pastores dabo vobis" (1992)

Zwanzig Jahre nach Veröffentlichung der *Ratio fundamentalis* ist es eines der zentralen Anliegen des nachsynodalen Schreibens *Pastores dabo vobis. Über die Priesterbildung im Kontext der Gegenwart*, den bisher recht stiefmütterlich behandelten Aspekt der Priesterbildung als Berufungsgeschehen zu thematisieren. Das Schreiben reagiert zudem auf Entwicklungen des Priesterbildes seit dem Konzil und der Abfassung der *Ratio fundamentalis*. Das Priesterbild in *Pastores dabo vobis* erfährt eine konsequente christologische

---

9 Ebd., S. 103.
10 Die Revision war nach Inkrafttreten des CIC 1983 notwendig geworden.

Zentrierung. Auf eine besonders auffällige Veränderung verweist Markus Nicolay:

> *„Nicht mehr vom künftigen pastoralen Dienst her werden Rahmenbedingungen für die diesem Dienst vorgelagerte Phase der Priesterbildung entwickelt, sondern umgekehrt: aus einer intensiven Zeit des ‚mit Jesus leben' kann eine mögliche spätere Sendung erwachsen."*[11]

Der Priester wird nicht primär von seinem Auftrag und seiner Funktion innerhalb des Geschehens der Gemeinde her gesehen, sondern als von Gott gnadenhaft Berufener und Gesandter. Viele Beiträge der Synode, so Johannes Paul II., haben „das Bewusstsein von der spezifischen ontologischen Verbundenheit des Priesters mit Christus, dem Hohepriester und Guten Hirten, deutlich gemacht."[12] Für das Verhältnis Priester – Kirche ergeben sich unmittelbare Konsequenzen: „Der Bezug auf die Kirche ist deswegen bei der Bestimmung der Identität des Priesters zwar notwendig, aber nicht vorrangig."[13] Der Priester steht als Repräsentant Christi „nicht nur in der Kirche, sondern auch der Kirche gegenüber".[14]

Die Berufung und Sendung des Priesters werden konsequent gnadentheologisch definiert und geradezu zu exemplarischen Momenten des Gnadenhandelns Gottes. Der Priester erscheine in seinem Wesen und in seiner sakramentalen Sendung als „Zeichen für den absoluten Vorrang und die Unentgeltlichkeit der Gnade, die der Kirche vom auferstandenen Christus als Geschenk zuteil wird."[15] Johannes Paul sieht dabei die Berufung und Sendung des Priesters nicht isoliert, sondern bettet diese in seinem gnadentheologischen Entwurf in das Berufungsgeschehen eines jeden Christen ein. In der Radikalität der Christusnachfolge nimmt die Beru-

---

11 Nicolay, Zeitgerechte Priesterbildung, S. 261.
12 *Pastores dabo vobis* Nr. 11, S. 25.
13 Ebd., Nr. 12, S. 27.
14 Ebd., Nr. 16, S. 32.
15 Ebd., Nr. 16, S. 33.

fung, Bildung und schließlich die Sendung eines Priesters nicht nur ihren Anfang, sondern findet darin auch ihren eigentlichen Zielpunkt. Der Priester wird damit „exemplarischer Christ, für den (nur) in besonderer Ausdrücklichkeit gilt, was ansonsten alle betrifft."[16] Mit diesem Priesterbild korrespondiert ein Berufungsverständnis, das in gleicher Weise konsequent gnadentheologisch grundgelegt ist.[17] Berufung zum Priestersein wie zum Christsein überhaupt ist zunächst die souveräne und völlig unverdiente Entscheidung Gottes, der den Menschen in bestimmter Weise ruft. In einem zweiten Schritt erfolgt die freie Antwort des Menschen, die diesen Ruf annimmt oder auch nicht. Die völlige Souveränität Gottes geht jeder Berufung voraus und kann durch keine menschliche Entscheidung ersetzt werden.[18]

Auf diesem Hintergrund entfaltet Johannes Paul Aufgaben und Wirkungsweise der Berufungspastoral. Tatsächlich stellt sich angesichts des alles überragenden Beziehungsgeschehens zwischen dem souverän berufenden Gott und dem in Freiheit antwortenden Menschen die Frage, ob die Kirche im Allgemeinen und konkret die Berufungspastoral darin überhaupt noch einen theologisch verantwortbaren Platz findet. Recht unvermittelt wird die Berufungspastoral denn auch eingeführt. Angesichts des „unerforschlichen Geheimnisses" der Berufung sei die „gemeinschaftliche und insbesondere die kirchliche Dimension der Berufung" nicht aufgehoben. „Auch die Kirche ist bei der Berufung jedes Christen präsent und beteiligt."[19]

Das Schreiben ringt allerdings sichtlich um eine konsistente Definition der Berufungspastoral. Zunächst wird sie beschrieben als die der Kirche aufgetragene Sendung, „sich um das Entstehen, das Erkennen und die Begleitung von Berufungen, insbesondere

---

16 Nicolay, Zeitgerechte Priesterbildung, S. 271.
17 Vgl. *Pastores dabo vobis* Nr. 35, S. 68.
18 Ebd., Nr. 36, S. 71.
19 Ebd., Nr. 38, S. 75.

der Berufungen zum Priestertum, zu kümmern."[20] Wie sich die Kirche angesichts des zuvor dargelegten Berufungsbegriffes überhaupt theologisch verantwortet um die „Entstehung von Berufungen kümmern" kann und soll, bleibt allerdings offen. Die Frage nach den Bestimmungsgründen und Verläufen von Berufungsprozessen hin zum Priesteramt und dem praktischen Handlungsbedarf, der für die Kirche in diesem Zusammenhang entsteht, kommt nicht vor. Vielmehr

„verfügt die Kirche im Gebet und in der Feier der Liturgie über die wesentlichen und wichtigsten Elemente der Berufungspastoral. Denn das christliche Gebet, das sich vom Wort Gottes nährt, schafft den Idealraum, damit ein jeder die Wahrheit über sein Dasein und die Identität des persönlichen und unwiederholbaren Lebensplanes, den Gott ihm anvertraut, entdecken kann".[21]

Dieses Gebet ist „der Angelpunkt der ganzen Berufungspastoral"[22], die sich als geistliche Grundhaltung entfaltet, die Berufungsprozesse zwischen Gott und Mensch betend begleitet.

Berufungspastoral wird damit eher als ein Grundmodus allgemeiner Pastoral beschrieben, der in einem ersten Schritt die Berufungsfindung aller Christen, gar aller Menschen begleitet und in einem zweiten, spezifischeren Sinne auch Männer auf dem Weg zum Priestertum. Die Berufungsbiografien der künftigen Priesteramtskandidaten werden dabei nach wie vor in klassischen und traditionellen Kategorien gedacht: Viele Priesterberufungen entstehen bereits in früher Jugend[23]. Sie werden gefördert von der Erziehungsaufgabe der Kirche bei Kindern und Jugendlichen und finden Ursprung und Halt in der christlichen Familie.

---

20 Ebd., Nr. 34, S. 67.
21 Ebd., Nr. 38, S. 76.
22 Ebd.
23 Ebd., Nr. 39, S. 79.

An anderer Stelle geht *Pastores dabo vobis* allerdings ausdrücklich auf die geänderten Ausgangsbedingungen der Priesterberufungen ein. Aufgrund der rasch schwindenden Bedeutung der Kleinen Seminare einerseits und generell der geänderten Lebensbedingungen „besteht eine starke Diskrepanz zwischen dem Lebensstil und der elementaren Formung der Kinder, Heranwachsenden und Jugendlichen einerseits [...], und dem ganz anderen Lebensstil der Seminare [...] andererseits."[24] Die Synode war sich deshalb einig, dass es eine „menschliche, christliche, intellektuelle und geistliche Vorbereitungsphase"[25] vor der eigentlichen Seminarzeit geben solle. Deren konkrete Ausgestaltung und Zielsetzung blieb jedoch offen, wie Johannes Paul selbst ausführt:

„Während die Überzeugung von der Notwendigkeit solch einer dem Priesterseminar vorausliegenden Vorbereitung allgemein geteilt wird, ist die Beurteilung ihrer Inhalte und Charakteristika bzw. ihrer vorrangigen Zielsetzung unterschiedlich: ob es sich mehr um eine geistliche Formung zur Unterscheidung einer Berufung oder um eine intellektuelle und kulturelle Ausbildung handeln solle."[26]

Zweierlei ist hier bemerkenswert: Zum einen ist ausdrücklich die Rede von einer ‚dem Priesterseminar vorausliegenden' Vorbereitungszeit, nicht von einem integrierten Bestandteil des Seminarprogramms für bereits aufgenommene Priesteramtskandidaten. Zum anderen – und bedingt durch die Verortung der hier auch ausdrücklich so genannten ‚propädeutischen Phase' außerhalb des Seminars – wird diese Zeit explizit als ein möglicher Ort der grundsätzlichen Berufungsklärung benannt. Leider wird dieser Gedanke nicht weiter verfolgt. Vielmehr wird der Bildungskongregation der Auftrag gegeben, weitere Erfahrungen

---

24 Ebd., Nr. 62, S. 125.
25 Ebd.
26 Ebd.

und Informationen zu propädeutischen Programmen zu sammeln.[27] Der Begriff der Berufungspastoral bleibt in *Pastores dabo vobis* insgesamt wenig konkret. Es bleibt ebenso offen, ob er einen allgemeinen pastoralen Grundmodus bezeichnet oder auch eine Kategorie der Seminarkonzeption werden soll. Berufung ist bei Johannes Paul primär ein Begriff des souveränen, gnadenhaften Handelns Gottes. Der prozesshafte, sich entwickelnde, suchende Verlauf einer Berufungsklärung im Vorfeld eines Seminareintritts kommt kaum in den Blick. Bei aller Betonung der Berufungsthematik in *Pastores dabo vobis*: Die Berufung des Kandidaten zum Priesteramt wird am Ende doch schlicht vorausgesetzt, und zwar insoweit entfaltet und gereift, dass sie zumindest zum Seminareintritt motiviert. Auf dieser Annahme baut das gesamte Seminarsystem auf. Hier folgt das Dokument der Linie, die die *Ratio fundamentalis* vorgegeben hatte.

Das Priesterseminar wird in seiner Aufgabenstellung und Zielsetzung an der gnadentheologischen Gesamtkonzeption ausgerichtet. Es stellt

„nicht zuerst einen materiellen Ort oder Raum dar, sondern einen geistlichen Raum, eine Lebensstrecke, eine Atmosphäre, die einen Ausbildungsprozess begünstigt und gewährleistet, so dass der von Gott zum Priestertum Berufene durch das Weihesakrament zu einem lebendigen Bild Jesu Christi [...] werden kann.“[28]

Der Seminaraufenthalt wird nicht mehr primär unter der Kategorie ‚Ausbildung' gesehen, sondern im Duktus des im Dokument entfalteten Priesterbildes zu einer Art Noviziat, in dem sich der

---

27 Das Ergebnis präsentierte die Bildungskongregation erst 1998 als Informativdokument „Der propädeutische Abschnitt". Vgl. dazu und zum Hintergrund und Entstehungsprozess der propädeutischen Phase Weinberger, Voraussetzung für die Zulassung zum Priestertum, S. 347–353.

28 *Pastores dabo vobis* Nr. 42, S. 85.

Seminarist in einem geistlichen Prozess nach dem Vorbild der Apostel tief greifend christologisch prägen lässt. „Sie lassen sich Christus, dem Guten Hirten, gleich gestalten für einen besseren priesterlichen Dienst in Kirche und Welt."[29] Der erste Ausbilder im Seminar ist Christus selbst.

Die darauf aufbauende Programmatik des Seminars betont die grundlegende menschliche und geistliche Bildung und Reifung des Kandidaten. Das Seminar, wird zur Lebens- und Glaubensschule. Über weite Strecken sind dabei insbesondere die Ausführungen zur geistlichen und spirituellen Formung nicht von der Perspektive der Priesterberufung geleitet, sondern haben eine umfassende und bewusste Entfaltung der allgemeinen christlichen Berufung im Blick. Die glaubwürdig gelebte radikale Christusnachfolge ist Dreh- und Angelpunkt jeder Priesterberufung.[30] Eine spezifische priesterliche Berufung und Spiritualität wird nur an auffallend wenigen Stellen ausführlicher entfaltet, etwa wenn der Zölibat als ein sichtbares Zeichen einer inneren Intensivierung und Radikalisierung der christlichen Berufung beschrieben wird.[31]

Das Seminar ist in *Pastores dabo vobis* ein vornehmlich geistlicher Ort, der eine förderliche Atmosphäre für die Reifung dieser Berufung hin zu einer christuszentrierten priesterlichen Spiritualität bietet. Die Rolle des Seminars sowie der Kirche insgesamt innerhalb dieses Berufungsgeschehens bleibt allerdings an manchen Stellen unklar. Die Frage nach dem Zusammenhang zwischen Berufungsklärung und Seminareintritt wird nur am Rande im Zusammenhang mit der Idee einer propädeutischen Phase gestellt. Es wird vorausgesetzt, dass ein wesentlicher Teil des Berufungsgeschehens im Vorfeld des Seminars stattfindet und damit den Seminareintritt ermöglicht.

---

29 Nicolay, Zeitgerechte Priesterbildung, S. 271.

30 „Diejenigen, die sich auf den Priesterberuf vorbereiten, müssen verstehen, dass der ganze Wert ihres Priesterlebens davon abhängt, inwieweit sie sich selbst Christus und durch Christus dem Vater schenken." *Pastores dabo vobis* Nr. 47, S. 97.

31 Vgl. ebd., Nr. 50, S. 101–104.

4.3 Die „Rahmenordnung für die Priesterbildung" (2003)

Zwölf Jahre nach *Pastores dabo vobis* trat 2004 die dritte und bis heute gültige Fassung der *Rahmenordnung für die Priesterbildung* der Deutschen Bischofskonferenz in Kraft. Sie revidiert ihre Vorgängerfassung von 1988 und bezieht neu erschienene Dokumente zur Priesterausbildung mit ein. In den neuen bzw. ergänzten und überarbeiteten Passagen wird aktuellen Entwicklungen Rechnung getragen. Zwei Punkte werden in der vorangestellten ‚Lesehilfe' zur *Rahmenordnung* besonders hervorgehoben: „das Problem deutlich kleiner gewordener Kommunitäten und die zunehmend unterschiedliche und oft ergänzungsbedürftige Lebens- und Glaubenserfahrung der Neueintretenden."[32]

Für die Seminarkonzeption ist zunächst die Wiederholung des Hinweises aus *Optatam totius* wichtig, dass auf ein Priesterseminar als Ausbildungsort nicht verzichtet werden kann.[33] 2004 ging zwar niemand mehr von einer grundsätzlichen Abwendung vom Seminargedanken aus. Alternative Ausbildungsformen ohne die klassische Seminarbindung waren jedoch immer wieder diskutiert und auch ausprobiert worden. Zudem stellte sich angesichts der Problematik immer kleiner werdender Seminargemeinschaften seit der Jahrtausendwende zumindest zaghaft die Frage nach der Existenzberechtigung von teuren und überdimensionierten Priesterseminaren. Eher en passant wird in der *Rahmenordnung* auch die erweiterte Nutzung von Seminargebäuden zu anderen Zwecken als der Priesterausbildung erwähnt. Gefordert wird, dass dabei „die Sicherung einer für die Priesterausbildung förderlichen Atmosphäre den Maßstab für die Nutzung der Gebäude ... bilden [muss]."[34] Die gefundene Linie, die in den Folgejahren auch von vielen Häusern verwirklicht wurde, heißt also, dass eine verantwortet gestaltete Mehrfachnutzung der Gebäude der Priestersemi-

---

32 Vgl. *Rahmenordnung 2003*, S. 11f.
33 Vgl. ebd., Nr. 50, S. 40f. unter Bezugnahme auf *Optatam totius* 4.
34 Vgl. ebd., Nr. 50, S. 40.

nare möglich ist, wenn auf diesem Weg die Erhaltung und Legitimation des Seminars gewährleistet werden kann. An eine aktive Gestaltung dieser Mehrfachnutzung etwa in der Form, dass diese selbst Teil der Seminarkonzeption werden könnte, wird nicht gedacht. Es scheint eher darum zu gehen, das Unvermeidliche in einen für das Seminar einigermaßen erträglichen Rahmen zu stellen.

Die für die Seminarkonzeption folgenreichste Neuerung der *Rahmenordnung* von 2004 ist die Profilierung der propädeutischen Phase als Teil der Priesterausbildung.[35] Dabei nimmt die *Rahmenordnung* ausdrücklich Bezug auf *Pastores dabo vobis*, wo zehn Jahre zuvor die generelle Notwendigkeit eines Propädeutikums festgestellt wurde.[36] Während dort allerdings ausdrücklich von einer ‚dem Priesterseminar vorausliegenden' propädeutischen Phase die Rede war,[37] macht die *Rahmenordnung* das Propädeutikum zum Teil der Priesterausbildung und verortet sie fraglos und ohne weitere Erläuterung auch räumlich im Seminar. Auch die Zielsetzung einer weiteren Berufungsklärung in der propädeutischen Phase, die Johannes Paul noch ausdrücklich als Möglichkeit benannt hatte, wird hier nicht mehr erwähnt. Vielmehr sind die Zielgruppe der propädeutischen Phase „Männer, die sich für den Beruf des Weltpriesters entschieden haben"[38]. Zwar soll das Propädeutikum auch der „Reflexion der eigenen Biografie und Vertiefung der Motivation"[39] dienen. Aber nach wie vor wird vorausgesetzt, dass sich die bewusste (Vor-)Entscheidung zum priesterlichen Dienst bereits ereignet hat. Das Propädeutikum sammelt die Berufenen und bereitet sie durch die „Einübung in die vita communis"[40] auf den Geist und die Taktung des Seminarlebens vor. Damit verbunden ist die Idee einer intensiven Lebens- und Glaubensschule mit

35 Vgl. ebd., Nr. 20.27.32–35.
36 Vgl. ebd., Nr. 32, S. 32f.
37 Vgl. *Pastores dabo vobis* Nr. 62, S. 125.
38 Vgl. *Rahmenordnung 2003*, Nr. 32, S. 32.
39 Vgl. ebd., Nr. 32, S. 33.
40 Ebd.

Blick auf den möglichen künftigen Priesterberuf, wie sie Johannes Paul in *Pastores dabo vobis* vorgeschlagen hatte.

Konsequenterweise sieht die *Rahmenordnung* eine zentrale Aufgabe des Seminars in der „Klärung der Berufsfrage"[41]. Der priesterliche Dienst soll möglichst wirklichkeitsnah und umfassend dargestellt werden durch „Vermittlung des Berufsbildes im Sinne des Amts- und Weiheverständnisses der Kirche, realistische Darstellung der Berufswirklichkeit, nüchterne Einschätzung der eigenen Persönlichkeit und der eigenen Fähigkeiten, Läuterung der Berufsmotivation."[42] Auch hier wird die grundsätzliche Vorentscheidung des Kandidaten zum priesterlichen Dienst vorausgesetzt. Aufgabe des Seminars ist es nun, diese existenzielle Berufung in Konfrontation zu bringen mit dem praktischen Berufsalltag. Auf dieser Spannung baut dann auch die Aufgabe der Eignungsklärung auf, die dem Seminar zukommt und mit der sich der größte Teil des Abschnitts zur Berufsklärung befasst.

Das bestimmende Strukturelement der Rahmenordnung sind die ‚drei Dimensionen' der Priesterbildung: erstens geistliches Leben und menschliche Reifung, zweitens theologische Bildung und drittens pastorale Befähigung. Die Ermöglichung menschlicher und geistlicher Reifung sind Kernaufgaben des Priesterseminars. In der weiteren Entfaltung dieser Aufgabe orientiert sich die *Rahmenordnung* an den einzelnen Studien- und Ausbildungsphasen, ausgehend von einer zehnsemestrigen Studienzeit. Auf die Möglichkeit eines Quereinstiegs ins Seminar während der Studienphase wird nicht näher eingegangen, sie wird aber auch nicht explizit ausgeschlossen oder problematisiert. Die einzige reguläre Ausbildungsbiografie ist nach der *Rahmenordnung* die des Seminaristen, der mit Beginn des Propädeutikums oder unmittelbar danach in das Seminar eintritt und das gesamte Studium und Ausbildungscurriculum als Seminarist absolviert. Da-

---

41 Vgl. ebd., Nr. 66–72, S. 48–50.
42 Vgl. ebd., Nr. 66, S. 48.

mit bleibt die *Rahmenordnung* von 2003 ganz auf der Linie der *Ratio fundamentalis* von 1970.

4.4 Priesterausbildung in der Vielfalt der Berufungen: Das nachsynodale Apostolische Schreiben „Amoris laetitia" (2016)

Das 2016 von Papst Franziskus veröffentlichte nachsynodale Apostolische Schreiben *Amoris laetitia* über „die Liebe in der Familie" enthält auch einen Abschnitt über die Priesterausbildung. Grund dafür ist die Forderung nach einer besseren Ausbildung von Priestern und anderen pastoralen Mitarbeitern allgemein in der Familienpastoral[43] sowie konkret im Umgang mit den „vielschichtigen aktuellen Problemen der Familien"[44]. Dabei geht das Schreiben auch unmittelbar auf die Seminarausbildung der Priesteramtskandidaten ein: Die Ausbildungseinrichtungen ermöglichten den Seminaristen

„nicht immer die Entfaltung ihrer persönlichen psychoaffektiven Welt. Auf einigen lastet die Erfahrung der eigenen verwundeten Familie mit dem Fehlen der Eltern und mit emotionaler Unbeständigkeit. Es muss während der Ausbildung eine Reifung gewährleistet sein, damit die künftigen Priester das psychische Gleichgewicht besitzen, das ihre Aufgabe erfordert. Die familiären Bindungen sind grundlegend, um das gesunde Selbstwertgefühl des Seminaristen zu stärken. Darum ist es wichtig, dass Familien den gesamten Weg des Seminars und des Priestertums begleiten, weil sie helfen, ihn auf lebensnahe Weise zu stärken."[45]

Das Schreiben fordert deswegen von der Seminarkonzeption, Möglichkeiten für Seminaristen zu schaffen, damit sie „mehr in

---

43 Vgl. *Amoris laetitia*, Nr. 202, S. 144.
44 Ebd.
45 Ebd., Nr. 203, S. 144f.

Kontakt mit der konkreten Wirklichkeit der Familien kommen"[46], zum Beispiel durch Zeiten der Ausbildung, die in Pfarrgemeinden verbracht werden. Dabei geht es nicht um eine isolierte Betrachtung der Familienpastoral, sondern um eine grundsätzliche Verortung der Seminarausbildung in einer Vielfalt von Berufungen:

„Die Anwesenheit von Laien und Familien und vor allem von Frauen in der Priesterausbildung fördert die Wertschätzung der Vielfalt und der Komplementarität der verschiedenen Berufungen in der Kirche."[47]

Das Seminar kann dann zur „Wertschätzung der Vielfalt und der Komplementarität der verschiedenen Berufungen" führen, wenn es diese nicht nur ideell, sondern auch strukturell integriert. Zwei verschiedene Wege sind möglich: Entweder finden, wie in *Amoris laetitia* vorgeschlagen, Teile des Ausbildungsprogramms nicht mehr im Seminar selbst statt, sondern an anderen Orten, die unterschiedliche christliche Berufungen erfahrbar machen. Oder – dieser Weg wird in diesem Buch vertreten – die Vielfalt der Berufungen erhält in der Seminarkonzeption selbst ihren Raum.

Bemerkenswert ist der Perspektivenwechsel, den *Amoris laetitia* im Blick auf die Priesterausbildung eher en passant vornimmt, dessen Konsequenzen aber weitreichend sein werden: Das Seminar hat nicht mehr nur die Aufgabe der Förderung und Läuterung der priesterlichen Berufung, sondern auch deren positive Verortung in der Vielfalt der Berufungen. Der Begriff der „Komplementarität" verweist darauf, dass die unterschiedlichen Berufungen sich nicht nur im Sinne einer Aufzählung verschiedener Möglichkeiten additiv zueinander verhalten, sondern sich wechselseitig ergänzen und erschließen. Die Integration verschiedener christlicher Berufungen in das Ausbildungskonzept wird damit zu einem Grundsatz der Seminarkonzeption.

---

46 Ebd., Nr. 203, S. 145.
47 Ebd. unter Bezug auf ein Zitat aus der „Relatio finalis" der Ordentlichen Generalversammlung der Bischofssynode vom 24. Oktober 2015, Nr. 61.

4.5 Ertrag: Auswirkungen des nachkonziliaren Priesterbildes auf
die Seminarkonzeption

Betrachtet man die Entwicklung der Seminarkonzeption seit dem
Ende des Konzils, so zeigt sich eine erstaunliche Kontinuität über
einen Zeitraum von immerhin mehr als einem halben Jahrhundert. Bis heute prägen die Grundlinien der Ratio fundamentalis
von 1970 maßgeblich die Seminarkonzeption. So sehr sich die Zusammensetzung der Seminargemeinschaften und das kirchliche
Umfeld im einzelnen Fall auch geändert haben – die Institution
Priesterseminar bleibt in ihrer formalen Umschreibung und inhaltlichen Zielsetzung in wesentlichen Punkten unverändert.

Es wäre zu kurz gegriffen, die Gründe hierfür allein in einer
starken strukturellen Beharrungskraft der Priesterseminare zu suchen. Unmittelbar nach dem Konzil war die Fortexistenz der Seminare in ihrer bisherigen Form keine ausgemachte Sache und
auch nach den entsprechenden Festlegungen der Ratio fundamentalis gab es immer wieder Versuche, Alternativen zur klassischen
Seminarausbildung zu entwickeln. Es zeigt sich vielmehr deutlich,
dass nach einer ersten Orientierungsphase nach dem Konzil erkannt wurde, dass das Seminar für die Priesterausbildung weiterhin notwendig ist. Die Gründe hierfür hatten sich allerdings gewandelt: Anders als vor dem Konzil war es nicht mehr Ziel der
Seminarkonzeption, künftige Priester in Abgeschiedenheit von
vermeintlich schädlichen Einflüssen der Umwelt heranzubilden.
Vielmehr wurde das Seminar nun Ort der Vergewisserung priesterlicher Identität. Das Priesterbild des Konzils war ambivalent geblieben. Es sei dahingestellt, ob Priester dabei tatsächlich „Stiefkinder des Konzils"[48] geworden sind. Fest steht, dass sie
zwischen den im Konzil erstarkten Laien und der „Fülle des Weiheamtes" der Bischöfe nicht mehr unhinterfragt waren und um
ihre Identität ringen mussten. Priester waren nicht mehr selbstverständlich.

---

48 Pesch, Das Zweite Vatikanische Konzil, S. 264. Vgl. auch Kap. 3.3.

Während die *Ratio fundamentalis* von 1970 diesen Zusammenhang erst anfanghaft erkannte und in die Seminarkonzeption integrierte, kommt er in *Pastores dabo vobis* voll zur Geltung. Das Seminar wird zum Noviziat, in dem sich Männer in der Nachfolge der Apostel in einem intensiven geistlichen Prozess ihrer Berufung vergewissern. Das Priesterbild wird nicht mehr primär in gemeinde- oder sakramententheologischen Kontexten entfaltet. Vielmehr lassen sich im Seminar die von Gott gnadenhaft zum priesterlichen Dienst Berufenen und Gesandten auf eine radikale Christusnachfolge ein. Die Identität des Priesters leitet sich nun ab vom „lebendigen Bild Jesu Christi", das der „von Gott zum Priestertum Berufene durch das Weihesakrament [...] werden kann."[49] Dieser intensive geistliche Prozess kann sich nicht ohne einen „geistlichen Raum, eine Lebensstrecke, eine Atmosphäre"[50] ereignen, der ihn ermöglicht – nämlich das Seminar.

Dem Priesterseminar wuchs damit allmählich eine Eigenschaft zu, die es vor dem Konzil in dieser Weise und Intensität nicht besaß: Es wurde ein Ort grundlegender priesterlicher Identitätsbildung. Brachten Seminaristen vor dem Konzil meist ein relativ geklärtes Priesterbild in ihre Ausbildung mit, das dort gefestigt und eingeübt wurde, bot das nachkonziliare Seminar Möglichkeiten, in einer spirituell geprägten Gemeinschaft jenseits der ungeklärten Fragen des Konzils ein tragfähiges Priesterbild überhaupt erst zu erfahren und erleben. Die Seminarkonzeption wurde damit wesentlich von den Desideraten des Konzils bezüglich des Priesterbilds bestimmt. Das Seminar bot den Rahmen für Prozesse der Priesterbildung, die es an anderen Orten nicht (mehr) gab und ermöglichte die Vermittlung eines bestimmten, nachkonziliar durchaus komplexen Priesterbildes. Es förderte auf diese Weise entscheidend die Identitätsbildung des künftigen Klerus.

Es hat sich an verschiedenen Stellen gezeigt, dass die starke Ausrichtung der nachkonziliaren Seminarkonzeption auf die Pries-

---

49 *Pastores dabo vobis* Nr. 42, S. 85.
50 Ebd.

terbildung mit einer nur geringen Beachtung der Rolle des Seminars im Berufungsprozess hin zur Entscheidung zum Priesteramt einhergeht. Die Funktion des Seminars in der Berufungsklärung bezieht sich ausschließlich auf die Klärung und Läuterung der Berufungen der Priesteramtskandidaten, die bereits eingetreten sind. Diesem Umstand liegt ein traditionelles Verständnis des Verlaufs von Priesterberufungen zugrunde, das den zunächst entscheidenden Moment der Berufungsklärung, der zum Seminareintritt führt, räumlich außerhalb des Seminars und zeitlich davor stattfinden lässt. Das Seminar ist damit kein Ort klassischer Berufungspastoral. Andererseits kommt der Berufungsklärung im Vorfeld der Entscheidung zum Eintritt in ein Seminar eine immer größere Bedeutung zu. Es wäre damit zu prüfen, inwieweit eine Seminarkonzeption eine Ermöglichungsfunktion im Blick auf das Wachsen, Reifen und die Läuterung einer Berufung hin zur Entscheidung zum Priesteramt und damit zum Seminareintritt entwickeln und realisieren kann.

5
Wenn vorausgesetzt wird, was noch im Werden ist: Priesterseminar und Berufungsklärung

5.1 Biografische Hintergründe und Verläufe von Berufungswegen

Über einen Zeitraum von über 100 Jahren bildeten die Kleinen Seminare die wichtigste Säule bei der Gewinnung des Priesternachwuchses.[1] Ihre Konzeption ermöglichte jungen Männern aus meist ländlichen und bildungsfernen, aber in hohem Maße kirchenverbundenen Schichten das Ablegen des Abiturs sowie den Zugang zum Theologiestudium und zum Priesteramt. Auch in den Jahrzehnten nach dem Zweiten Weltkrieg, als die Kleinen Seminare schnell an Bedeutung für den Priesternachwuchs verloren, kam weiterhin eine Mehrheit der Priesteramtskandidaten aus der katholisch geprägten Landbevölkerung. Seit der Jahrtausendwende zeichnet sich jedoch eine deutliche Verschiebung ab:

Größe des Heimatorts / Anteil an allen Priesteramtskandidaten der Diözese Rottenburg-Stuttgart in der Studienphase in Prozent

	Unter 5.000 Einwohner	5.000–20.000 Einwohner	20.000–100.000 Einwohner	Über 100.000 Einwohner
1995	57	19	18	6
2000	34	29	30	7
2005	27	34	31	8
2010	34	30	30	6
2015	32	24	30	14

---

1 Vgl. Kap. 2.2.1.

Während 1995 noch 57 % der Priesteramtskandidaten aus bürgerlichen Gemeinden mit weniger als 5000 Einwohnern stammten, waren es zwanzig Jahre später nur noch 32 %. Im gleichen Zeitraum hat sich der Anteil mit großstädtischer Herkunft mehr als verdoppelt. Zumindest für die Diözese Rottenburg-Stuttgart lässt sich sagen, dass es die frühere Dominanz der ländlichen Herkunft der Priesteramtskandidaten seit der Jahrtausendwende nicht mehr gibt.

Eine ähnliche Verschiebung hat sich bei den Regionen ergeben, aus denen die Priesteramtskandidaten stammen. In der Diözese Rottenburg-Stuttgart, die aus gut abgrenzbaren, traditionell katholisch oder vorwiegend protestantisch geprägten Regionen besteht, gab es lange Zeit eine dominierende Herkunft der Priesteramtskandidaten aus den überwiegend katholischen Gebieten. Davon kann heute keine Rede mehr sein:

Heimatort eher in traditionell katholischem oder protestantischem Umfeld, Anteile in Prozent:

	Katholisch geprägtes Umfeld	Protestantisch geprägtes Umfeld
1995	65	35
2000	49	51
2005	44	56
2010	56	44
2015	42	58

Die Mehrheit der Priesteramtskandidaten, die 2015 ein Theologiestudium mit dem Ziel Priesteramt absolvierten, stammte aus einem traditionell protestantisch geprägten Umfeld. Diese Entwicklung ist nur auf den ersten Blick überraschend. Bei genauerer Analyse der Zahlen zeigt sich, dass sich vielmehr eine regionale Angleichung der Herkunft der Priesteramtskandidaten eingestellt hat: 2013 lebten ca. 55 % der Katholiken in der Diözese Rottenburg-Stuttgart in traditionell protestantisch geprägten Gebieten.[2] Diese Zahl ist nahezu identisch mit dem entsprechenden Anteil der Priesteramtskandidaten aus diesen Gegenden (58 %). Für die Entstehung und Realisierung einer Priesterberufung scheint die traditionelle Prägung des lokalen kirchlichen Umfelds nicht mehr entscheidend zu sein, vielleicht sogar gar keine wichtige Rolle mehr zu spielen. Eine erst vor wenigen Jahrzehnten gegründete Großstadtgemeinde in säkularem Umfeld kann in gleicher Weise berufungsfördernd oder -hindernd sein wie eine Jahrhunderte alte Dorfgemeinde in traditionell katholischem Gebiet. Eine in besonderer Weise milieugestützte Berufung zum Priesteramt gibt es in der Diözese Rottenburg-Stuttgart nicht mehr. Gleichzeitig zeigt sich, dass Berufungen zum Priesteramt auch in säkularem, großstädtischem Umfeld entstehen.

Die aufgezeigten Veränderungen in der Herkunft der Priesteramtskandidaten der Diözese Rottenburg-Stuttgart zeichnen sich gerade dadurch aus, dass sie keine außergewöhnlichen Auffälligkeiten mehr aufweisen. Diese Entwicklung zeigt sich auch im Vergleich zu den Herkunftsmilieus aller Theologiestudierenden.[3] Priesteramtskandidaten stammen weitgehend aus den gleichen Herkunftsmilieus wie ihre Kommilitonen außerhalb der Seminare und darüber hinaus vermutlich wie der Großteil der in irgendeiner Form kirchlich Aktiven ihrer Altersgruppe.

Eine der auffälligsten Entwicklungen innerhalb der Gruppe der Priesteramtskandidaten während der letzten Jahre ist das bereits angesprochene stetig angestiegene Durchschnittsalter.[4] In der Diözese Rottenburg-Stuttgart hat sich das Weihealter der Neupriester binnen 24 Jahren von 29,6 Jahren (1990) um sechs Jahre auf 35,6 Jahre (2014) erhöht. Entsprechend gestiegen ist auch das Alter, in dem die Berufungsentscheidungen getroffen

---

2 Vgl. Diözese Rottenburg-Stuttgart, Kirchliche Statistik 2014, S. 1 (Dekanatsübersicht).

3 Vgl. G. Schneider, Um wen geht es eigentlich?, S. 34–37; Stelzer, Die Milieustruktur in pastoralen Berufen, S. 151–158.

4 Vgl. Kap. 1.1.3.

und realisiert wurden. In dieser Entwicklung, die nicht kontinuierlich und nicht in allen Diözesen in gleicher Weise verläuft, aber in
der Tendenz überall festzustellen ist, liegt sicherlich die deut-
lichste Veränderung der letzten zwanzig Jahre im Bereich der biografischen Voraussetzungen der Priesteramtskandidaten.

Die Ursachen für den häufig späteren Eintritt sind vielfältig.
Eine Rolle spielen die Verzögerung der Entscheidung aufgrund
zurückgehender Unterstützung aus dem sozialen Umfeld und die
allgemeine Tendenz, Lebensentscheidungen biografisch später an-
zusiedeln.[5] Die größte Veränderung zeigt sich beim Verlauf der
Berufungsprozesse. Zwischen dem Aufkeimen eines Wunsches,
Priester zu werden und seiner ersten konkreten Realisierung in
Form eines Seminareintritts liegt bei einem wachsenden Anteil
von Interessenten am Priesteramt ein immer größerer Zeitraum.
Hintergrund ist ein grundsätzlich verändertes Berufungsgeschehen: Wer heute Priester werden möchte, realisiert diese Berufung
nicht mehr aufgrund vorgegebener Biografiemuster in der Familie, aufgrund seines Herkunftsmilieus oder eines zu erwartenden
hohen Sozialprestiges des künftigen Berufs. Früher bedeutende
Rahmenbedingungen wie das Herkunftsmilieu oder gute Ausbil-
dungszugänge auf dem zweiten oder dritten Bildungsweg und damit der Aufstieg in ein höheres Bildungsniveau sind heute für die
Berufungsentscheidung weitgehend irrelevant.[6] Vielmehr gilt:
„Konstruktionspunkt meiner Biografie bin ich."[7] Diese konsequente Individualisierung der Berufsentscheidungen und der Le-
bensplanung insgesamt hat sich zu einer Grundkonstanten bei Jugendlichen und jungen Erwachsenen entwickelt und ist längst in
der Priesterausbildung angekommen. Auch hier gilt: Die Trenn-
linie besteht nicht zwischen den Priesteramtskandidaten und
anderen Theologiestudierenden oder überhaupt anderen Mitglie-
dern ihrer Altersgruppe. „Angehende Priester bilden keine Pro-

---

5 Vgl. Nicolay, Zeitgerechte Priesterbildung, S. 161.
6 Vgl. Jacobs, Warum sie „anders" werden, S. 315.
7 Faber, Suchen, was den Einsatz lohnt, S. 120.

blemgruppe [...] Sie sind so normal, wie ledige Männer in ihrem Alter sind."[8] Priesteramtskandidaten vollziehen ihre Berufs-, Berufungs- und Lebensentscheidungen vielmehr in sehr ähnlicher Weise wie ihre Altersgenossen.

In dem Maße, in dem sich in den letzten zwanzig Jahren – mit den besten und berechtigtsten Absichten – die Prüfung der Motivation und Eignung der Kandidaten ausdifferenziert und professionalisiert hat, stieg auch die Erwartung an den Interessenten, sich zu erklären und seine Berufung zu rechtfertigen. Die unhinterfragten Selbstverständlichkeiten, die bis an die Jahrtausendwende heran sowohl von Seiten der Kandidaten als auch von Seiten der Ausbilder bestanden, sind in wenigen Jahren vollkommen verschwunden. Den Kandidaten, der sich als Sohn einer gut katholischen Familie mit großem Vorwissen, zahlreichen Vorklärungen in seiner Heimatgemeinde und sowohl traditioneller als auch familiärer Rückendeckung mit großer Selbstverständlichkeit schon während seiner Schulzeit für den Weg zum Priesteramt entscheidet, brauchte der Regens nicht mehr viel zu fragen. Nur gibt es diesen Typus praktisch nicht mehr. Viel häufiger ist der Interessent am Priesteramt heute gezwungen, Entscheidungen hin zu dieser Berufung auf sich allein gestellt zu treffen: Er tritt immer öfter gegen den Willen der Eltern (oder zumindest nicht aktiv unterstützt) ins Seminar ein, kann auf keine stützende Gemeindeerfahrung zurückgreifen, weiß um die Außenseiterposition, in die er sich im Freundeskreis mit dem bekannt werdenden Priesterwunsch begibt und hatte schließlich bisher nur bedingt die Möglichkeit, Vorklärungen zu treffen. Gleichzeitig steht der Interessent, einmal als Priesteramtskandidat aufgenommen, von Anfang an viel mehr im Fokus als früher, als die neuen Seminaristen Teil einer großen Gruppe waren. Das steigende Durchschnittsalter der Priesteramtskandidaten findet hier eine plausible Erklärung: Der Eintritt ins Seminar erfolgt häufig zu einem Zeitpunkt, an dem

---

8 Baumgartner, Hoffnungsträger und Exoten, S. 112; Jacobs, Warum sie „anders" werden, S. 316.

der Kandidat (zumindest aus seiner Perspektive) in der Berufungsklärung so weit fortgeschritten ist, dass er die Sondersituation der
Seminars bestehen kann.

Die Konsequenz dieser Konstellationen in Berufungsbiografien ist eine umfassende Individualisierung der Berufs- und Berufungsentscheidungen sowie der entsprechenden Klärungswege.
Kein Anweg zum Priesteramt gleicht dem anderen. Längst sind
in allen Stadien der Priesterausbildung die Ausnahmen zur Regel
geworden. Fast alle Ausbildungsbiografien von Priesteramtskandidaten sind individuell konfiguriert innerhalb eines Seminarsys-
tems, das in seinem Normverlauf längst zu einem Ideal geworden
ist, das häufig nicht mehr erreicht wird. Der Sonderfall ist zum
Normalfall geworden.

5.2 Im Spannungsfeld zwischen Berufung und Beruf

Mit einer gewissen Selbstverständlichkeit war in diesem Buch bis
hierher schon an vielen Stellen die Rede von „Berufung". Gemeint
ist damit zunächst ganz grundlegend einerseits die freie und völlig
unverdiente Entscheidung Gottes, den Menschen in einer bestimmten Weise zu rufen, und andererseits die freie Antwort des Menschen auf diesen Ruf.[9] Im Folgenden soll es um die Frage gehen,
wie sich dieses gott-menschliche Geschehen ereignet und wie es
im Blick auf Berufungen zum Priesteramt begleitet werden kann.
Dazu sind einige begriffliche Unterscheidungen und Präzisierungen
notwendig, da der Berufungsbegriff in seiner Vielschichtigkeit nicht
leicht zu fassen und mitunter auch mehrdeutig ist.

Eine erste Differenzierung benötigen die Begriffe „Beruf" und
„Berufung". Die etymologische Verwandtschaft des gängigen
Ausdrucks für die erlernte Erwerbstätigkeit („Beruf") zum theo-
logischen Fachbegriff für einen wirkmächtigen Kontakt zwischen
Gott und Mensch („Berufung") ist eine deutschsprachige Beson-

---

9 Vgl. z. B. *Pastores dabo vobis* Nr. 36, S. 71; vgl. Kap. 4.2.

derheit. Beide gehen auf Martin Luther zurück, der in seiner Bibelübersetzung die „Vocatio", den Ruf Gottes, mit dem Wort Berufung wiedergibt, das seinerseits auf das mittelhochdeutsche Wort „Beruof" zurückgeht, das Leumund bedeutet[10] und in diesem Sinne bis heute im Sprachgebrauch vorhanden ist, wenn davon die Rede ist, dass z. B. ein Arzt einen „guten Ruf" hat. Über den neuen Begriff *Berufung* erhält dann bei Luther auch der *Beruf* eine andere Bedeutung: Nicht mehr nur der Leumund, sondern der gottgewollte Stand und die damit verbundene Tätigkeit werden damit bezeichnet. „Die berufliche Tätigkeit galt als ein wichtiges Betätigungsfeld, auf dem die gottgegebene Berufung verwirklicht wird."[11] Nicht nur sprachlich, auch inhaltlich sind also beide Begriffe zu jener Zeit eng verwandt.

Mit der Aufklärung entfernen sich beide Begriffe inhaltlich zusehends. Der Beruf entledigt sich allmählich der von Gott gewirkten Berufung und wird säkular verstanden zur erlernten und meist auch ausgeübten Tätigkeit.[12] Mehr und mehr ersetzte der Beruf das alte Standesdenken und wurde zum gesellschaftlichen Statussymbol. Die Berufung blieb wesentlich ein Stammbegriff der theologisch-kirchlichen Sprache. Andere historisch gewachsene Verwendungsfelder (wie Rechts- oder Hochschulwesen) verweisen im Übrigen häufig auf eine charakteristische Grundeigenschaft von Berufung: Ausschlaggebend für die Berufung ist nicht die Initiative oder ein Anspruch des schließlich Berufenen, sondern ein von außen kommendes aktives Moment: Eine Person wird z. B. an eine Universität als Professor „berufen".

In der zweiten Hälfte des letzten Jahrhunderts vollzieht sich innerkirchlich ein Wandel in der Verwendung beide Begriffe. Im Zweiten Vatikanischen Konzil wird *Berufung* zu einem Leitbegriff, der fast alle Konzilsdokumente durchzieht.[13] Es geht nicht mehr

---

10 Vgl. Kruse, Geschichte der Arbeit und Arbeit als Geschichte, S. 31f.
11 Ph. Müller, Ein Sprung, S. 11.
12 Vgl. dazu auch Greshake, Hören auf den Ruf, S. 20–23.
13 Vgl. Ph. Müller, Ein Sprung, S. 14–21.

spezifisch um Priester- und Ordensberufungen, sondern um „alle Menschen überhaupt, die durch die Gnade Gottes zum Heile berufen sind"[14]. Das Berufungsgeschehen wird darüber hinaus zu einem Grundmodus der Kirche selbst. Kirche ereignet sich in und durch Berufung.[15]

Innerhalb der Konzilstheologie markierte dieser Paradigmenwechsel einen Meilenstein. Er hatte jedoch eine sprachliche Herausforderung zufolge: Als spezifischer Begriff für die geistlichen Berufungen der Priester, Diakone und Ordensleute hatte die „Berufung" ausgedient. Das gleiche gilt für die Berufungspastoral. Das Abschlussdokument eines internationalen Kongress zum Thema Berufung in Rom[16] formuliert: „Die Berufungspastoral ist die ursprüngliche Leitidee der allgemeinen Pastoral"[17] und geht von einem entsprechend geweiteten Berufungsbegriff aus:

„Berufung meint nicht nur die Gestaltung eines Lebensentwurfs, sondern auch alle übrigen Anrufe Gottes während des Lebens sind Berufung, freilich immer bezogen auf einen grundlegenden Lebensplan. Die echte Berufungspastoral macht den Gläubigen wachsam und aufmerksam für die vielen Anrufe Gottes und macht ihn bereit, dessen Stimme zu vernehmen und Ihm zu antworten."[18]

Die Folgen zeigen sich bis heute zum Beispiel darin, dass unter „Berufungspastoral" völlig Unterschiedliches verstanden wird. Manchmal geht es um die Berufung in den Priester- und Ordensstand, manchmal um die Berufung zu hauptamtlichen pastoralen Tätigkeiten, manchmal um die Berufung zum Mensch- und Christsein überhaupt und manchmal um alles zusammen oder irgendetwas

---

14 *Lumen Gentium* 13.
15 Vgl. z. B. ebd., 8.
16 Vgl. Päpstliches Werk für geistliche Berufe, Neue Berufungen für ein neues Europa (In verbo tuo), 1997.
17 Ebd., Nr. 26, S. 57.
18 Ebd.; vgl. dazu Ph. Müller, Ein Sprung, S. 17–21.

dazwischen. Die theologische Weiterentwicklung des Begriffes „Berufung" hatte eine signifikante semantische Unschärfe zufolge.

In Konsequenz hielt auf breiter Front der Begriff *Beruf* auf eine neue Weise Einzug in die kirchliche Sprechweise und wurde auf eine nicht unproblematische Art und Weise zum Unterscheidungskriterium zu *Berufung*. Es gibt den *Weltgebetstag für geistliche Berufe* seit Mitte der 1960er-Jahre, ein paar Jahre später wurden die Diözesanstellen *Berufe der Kirche* gegründet, und in den 1980er-Jahren schließlich verstärkt Berufsverbände im pastoralen Bereich. Zwar war schon zuvor zum Beispiel vom *Priesterberuf* gesprochen worden (in den 1930er-Jahren war das „Frauenhilfswerk für Priesterberufe"[19] gegründet worden), allerdings meist noch ganz im Sinne eines Synonyms für *Berufung*, ganz in der Semantik Luthers.[20] Das war jetzt anders, denn die *Berufe der Kirche* wurden nun nicht nur in sprachlicher Unterscheidung zu *Berufungen in der Kirche* verwendet, sondern analog zu anderen weltlichen Berufen platziert. Die neu entstehenden pastoralen Laienberufe sowie die Aufwertung und Ausweitung der Berufe etwa im kirchlich-caritativen Bereich oder in der Kirchenmusik und der Verwaltung führten zu einem breiten Spektrum an sehr unterschiedlichen Berufen. Eine begriffliche Unterscheidung von pastoralen Berufen oder von Priestern und Ordenschristen war kaum mehr möglich. Der Versuch, den Begriff *geistliche Berufe* für Priester und Ordensleute zu reservieren, war wenig glücklich, weil zum einen das Ordensleben per se kein Beruf ist, und ausgerechnet der Begriff *geistlich* nicht zu Abgrenzung dienen kann.[21]

Trotz dieser begrifflichen Herausforderungen war über Jahrzehnte die Spannung zwischen beiden Begriffen nicht so groß,

---

19 Nach mehreren Weiterentwicklungen bis heute bestehend als Päpstliches Werk für geistliche Berufe. Vgl dazu O. Schmidt, Eine Krisenzeit für Berufungen? S. 66–70.

20 Die „Pastoralen Leitlinien zur Förderung der Berufungen zum Priesteramt" (hrsg. von der Römischen Bildungskongregation 2012) verwenden Priesterberufung, Priesterberuf, Priesteramt und Priestertum weitgehend synonym.

21 Konsequenterweise hat sich die zuständige Kommission IV der Deutschen Bischofskonferenz „Kommission für Geistliche Berufe und Kirchliche Dienste" benannt.

dass ein Problem daraus zu werden drohte. Vielmehr deuteten die Sprachspiele darauf hin, dass sich die Kirche in der Mitte der Gesellschaft bewegte und ebenso Möglichkeiten zur beruflichen Entfaltung bieten kann wie andere Institutionen auch. Seit einigen Jahren mehren sich aber die Anzeichen, dass Beruf und Berufung nicht mehr ohne weiteres in dieser Form kompatibel sind. Provokant, aber gleichzeitig sensibel für diese Entwicklung wurde die Frage gestellt: „Hat ein Beruf in der Kirche überhaupt etwas mit Berufung zu tun?"[22] Folge dieser neu wahrgenommenen Spannung ist, dass nun wieder vermehrt *Berufung* anstelle des *Berufes* tritt, etwa dann, wenn manche Diözesanstellen in ihrem Namen *Beruf* durch *Berufung* ersetzen.[23]

Um diese Entwicklung nachvollziehen zu können, muss zunächst der unmittelbare Zusammenhang verdeutlicht werden, in dem *Beruf* und *Berufung* für die Kirche stehen: Der kirchliche Beruf ist die Konkretion der christlichen Berufung. Der Beruf ist sozusagen nur der Mantel, der sich um die Berufung legt. Das kirchliche Arbeitsrecht, der sogenannte „Dritte Weg", basiert auf dieser Voraussetzung. Der Legitimationskern für den kirchlichen Beruf ist die christliche Berufung.

Genau dieser Zusammenhang ändert sich seit einiger Zeit schnell und grundsätzlich. Der ausgeübte Erwerbsberuf und die christliche Berufung können zwar nach wie vor in vielfältiger, ursächlicher Beziehung zueinander stehen. Beide Begriffe umschreiben jedoch mehr und mehr unterschiedliche Lebens- und Erfahrungsbereiche: *Der Beruf ist die säkular definierte Profession, die christliche Berufung die existenzielle Passion.* Wenngleich es nach wie vor große Schnittmengen zwischen beiden Bereichen geben wird, sind sie dennoch unterschiedlich ausgerichtet: Der kirchliche

---

22 O. Schmidt, Eine Krisenzeit für Berufungen?, S. 71.
23 Z. B. „Referat für Berufungspastoral" (Dresden-Meißen), „Diözesanes Zentrum für Berufungspastoral" (Eichstätt), „Diözesanstelle für Berufungspastoral" (Essen, Hildesheim, Paderborn, Passau, Regensburg) „Diözesanstelle für Exerzitien, Geistliche Begleitung und Berufungspastoral" (Trier).

Beruf ist der professionelle Broterwerb, die Berufung die existenzielle Dimension des eigenen Glaubens. Indikatoren für die zunehmende Trennung beider Bereiche gibt es inzwischen viele, und zwar nicht nur innerhalb der technischen und sozialen Berufe in der Kirche, sondern mehr und mehr auch bei den pastoralen Laienberufen: die häufigere Verortung der eigenen Wohnung außerhalb des eigenen Pastoralbezirks, das vom Gemeindegeschehen nicht selten losgelöste Privat- und Familienleben, die (auch arbeitsrechtlich mehr und mehr notwendige) stundengenau erfasste und abgerechnete Arbeitszeit. Innerkirchlich werden diese Entwicklungen mitunter kritisch gesehen. Gesellschaftlich hingegen entsprechen sie der Lebensgestaltung junger Erwachsener.

Die Entscheidung zum Priesterberuf kann eine derartige Differenzierung zwischen Berufung und Beruf dagegen kaum vornehmen. Eine Trennung zwischen Privatem und Dienstlichem, zwischen Berufung und Beruf, ist nur sehr eingeschränkt möglich. Bei der Entscheidung zum Priesterberuf geht es um alles auf einmal: um die existenzielle christliche Berufung, um deren Konkretion hin zum priesterlichen Dienst und um die Verwirklichung im Priesterberuf. Die aktuelle Seminarkonzeption orientiert sich ganz an dieser semantischen Einheit von Beruf und Berufung. Das maßgebliche Strukturelement ist dabei der Beruf, das Ziel die „Klärung der Berufsfrage"[24]. Die Weiterentwicklung der Rahmenordnung für die Priesterausbildung verläuft konsequenterweise entlang der Entwicklungen und neuen Herausforderungen rund um das Priesterbild als Berufsbild. Der Berufungsprozess, der dazu führt, dass sich ein Priesteramtskandidat anfanghaft auf dieses Berufsbild einlässt und aktiv damit auseinandersetzt, spielt in der Seminarkonzeption dagegen eine untergeordnete Rolle.

---

24 Vgl. *Rahmenordnung 2003*, Nr. 66–72, S. 48–51.

5.3 Berufungsklärung als Teil der Seminarkonzeption

Auf welche Weise ist die Berufungsklärung der Priesteramtskandidaten in der derzeitigen Seminarkonzeption verankert und wo besteht Veränderungsbedarf? Dazu ist zunächst ein weiterer Blick auf den Berufungsbegriff notwendig. In der theologischen Diskussion wird dieser vor allem in der Pastoraltheologie und in der spirituellen Theologie thematisiert, häufig mit umfangreichen exegetischen Bezügen. Systematische Untersuchungen sind selten[25]. Die meisten Veröffentlichungen der letzten Jahre gehen von einem spirituell und existenziell verstandenen Berufungsbegriff aus, der auf die individuelle Beziehung zwischen Gott und Mensch blickt.[26] Ein wesentliches Merkmal dieses Berufungsbegriffs ist das Verständnis von Berufung als dynamischem Prozess. Berufung ist demnach kein punktuelles, einmaliges, gott-menschliches Ereignis, sondern „ein Pfad mit Wegweisern"[27], den der Berufene geht. Die angestrebte Berufungsentscheidung hängt wesentlich von der Dynamik der Berufungsklärung ab, die vorab möglich war.

„Um auf diese Fragen Antworten finden zu können, muss sich meine Persönlichkeit schon ein ganzes Stück entwickelt haben. Es liegt dann ein Prozess der Reifung hinter mir, der mich im Laufe der Zeit zu einer unverwechselbaren Individualität geführt hat."[28]

Dieser dynamische, prozesshafte Aspekt der Berufung und Berufungsentscheidung hat an Bedeutung gewonnen, gerade auch in Veröffentlichungen zu geistlichen Berufungen.[29]

---

25 Ausnahmen sind Heße, Berufung aus Liebe und Höffner, Berufung im Spannungsfeld von Freiheit und Notwendigkeit.
26 Vgl. z. B. Greshake, Hören auf den Ruf und geistliches Unterscheiden, Alphonso, Die persönliche Berufung, Terwitte/Birkhofer, Ich bin gerufen, Maureder, Wir kommen, wohin wir schauen.
27 Maureder, Wir kommen, wohin wir schauen, S. 30.
28 Terwitte, Ich bin gerufen, S. 70.
29 Vgl. z. B. Gerber, Zur Liebe berufen.

Neben diesem subjektiven Berufungsbegriff, der vom Individuum ausgeht und nach dem je eigenen und einzigartigen Weg mit Gott fragt und sucht, ist die Ausbildung im Priesterseminar auf einen objektivierten Berufungsbegriff verwiesen. Dieser fragt anhand festgelegter Kriterien nach Voraussetzungen, Qualifikationen und Eignungen. Zu klären ist, ob die Kirche diejenigen, die sich berufen glauben, auch rufen kann. Zu einer gelingenden Berufung gehören beide Klärungen: Die subjektive, die existenziell nach dem Ruf Gottes fragt, und die objektivierte, die danach fragt, ob dieser als Ruf zum priesterlichen Dienst in der Kirche konkretisiert werden kann. Berufungsklärung in der letztgenannten Perspektive heißt dann kirchenrechtlich gestützte Prüfung der Voraussetzungen für die Zulassung zum priesterlichen Dienst.[30] Innerhalb der Seminarkonzeption kommt die letztere Aufgabe allein dem *Forum externum* zu. Die subjektiv-existenzielle Berufungsklärung fällt dagegen in die Zuständigkeit des *Forum internum* wie des *Forum externum*. In der Praxis verläuft das damit verbundene Zueinander nicht immer problemlos, sondern verursacht mitunter erheblichen Klärungsbedarf.[31] Diese Spannungen finden ihr Pendant in einer berufungsbiografischen Unsicherheit, der die Priesteramtskandidaten als Mitglieder der Seminargemeinschaft ausgesetzt sind: Viel mehr als noch vor wenigen Jahren wird der Eintritt in ein Seminar vom gesamten Umfeld des Kandidaten als unmittelbare (Vor-)Entscheidung zum Priesteramt wahrgenommen. Aus der Außenperspektive hat der Kandidat (nach einem oft langen Weg) für sich bereits entschieden, Priester werden zu wollen. Er exponiert sich damit und tritt gleichzeitig in eine Art Vorleistung, denn die objektivierte Berufungsklärung durch das *Forum externum* des Seminars steht noch aus – mit ungewissem Ausgang. Er steht damit in einer gewissen Gefahr, mit seiner eigenen positiven Berufungsentscheidung durch eine externe negative Entscheidung zu scheitern. Die stark zugenom-

---

30 Vgl. Weinberger, Voraussetzungen für die Zulassung zum priesterlichen Dienst.
31 Vgl. Kap. 1.2.3.

mene Bedeutung des *Forum internum* in der Seminarausbildung ist sichtbarer Ausdruck dafür, dass diese Gemengelage dazu führt, Berufungs- und Entscheidungsprozesse so weit wie möglich in den geschützten, privaten Raum zu verlagern.

Aus der Perspektive eines Interessenten am Priesteramt führt diese Konstellation dazu, dass mit dem Eintritt ins Seminar die Gefahr eines öffentlichen Scheiterns verbunden ist (nämlich in Form einer späteren Entlassung durch die Seminarleitung), dessen potentielle Bestimmungsgrößen ihm im Vorfeld nur bedingt berechenbar erscheinen. Ein niederschwelliger, zunächst noch bewusst ergebnisoffener Eintritt in ein Seminar kommt damit viel seltener vor. Wesentliche Teile des Berufungs- und Entscheidungsprozesses werden damit ins Vorfeld des Seminareintritts verlagert.

An dieser Stelle zeigt sich ein drängender Veränderungsbedarf: Die Berufungspastoral wird zu einer zentralen Aufgabe des Priesterseminars – inhaltlich wie strukturell. Eine Delegation dieser Aufgabe an institutionell eigenständige Einrichtungen einer Diözese entspricht nicht mehr den Berufungsbiografien von Interessenten am Priesteramt. Die klassische Beratungsarbeit der Diözesanstellen für Berufungspastoral oder Berufe der Kirche hat drastisch an Bedeutung verloren. Der sachorientierte Informationsbedarf zu Studium und Ausbildung wird schon im Vorfeld erster Begegnungen und Gespräche über Angebote im Internet oder Kontakte in sozialen Netzwerken abgedeckt. Gefragt sind dagegen vielfältige pastorale Begegnungs- und Orientierungskontexte mit anderen Jugendlichen und jungen Erwachsenen, die auf dem Weg zu einem Beruf in der Kirche sind. Die so ermöglichte Kontextualisierung der eigenen Berufungsbiografie spielt für Interessenten an kirchlichen Berufen eine überragende Rolle, da sie die Selbstvergewisserung in einem zunehmend fragilen kirchlichen Umfeld fördert. Dies gilt für alle Interessierte an kirchlichen Berufen, besonders aber für Interessenten am Priesteramt. Eine Trennung dieser beider Gruppen ist in frühen Orientierungs- und Entscheidungsphasen ohnehin kaum möglich. Im Gegenteil: Gerade die Annäherung an eine Entscheidung zum Priesteramt in einem Kontext, in dem strukturell offensichtlich auch andere kirchliche Berufungen und Berufe Thema sind, kann für die Berufungsklärung förderlich sein.

Auf diesem Hintergrund muss die Berufungspastoral in erster Linie Räume der Begegnung und Orientierung schaffen, in denen die Berufung wachsen kann und die schließlich Berufungsentscheidungen fördern.[32] Je weniger Interessenten am Priesteramt im heimatlichen Umfeld ihre Berufung und ihren Berufswunsch thematisieren oder gar mit Gleichaltrigen und Gleichgesinnten reflektieren können, desto mehr brauchen sie diese Möglichkeiten an anderer Stelle. Begegnungen und Gespräche mit anderen Frauen und Männern, die auf dem Weg zu einem Beruf in der Kirche sind, mit Priesteramtskandidaten, anderen Studierenden und jungen Berufsträgern sind dabei deshalb von großer Bedeutung, weil sie ein Maß an Authentizität vermitteln, das auf andere Weise kaum erlebt werden kann.[33]

Die Römische Bildungskongregation veröffentlichte 2012 „Pastorale Leitlinien zur Förderung der Berufungen zum Priesteramt" und benannte darin ausdrücklich die Bedeutung des Kontaktes zwischen Seminaristen und Interessenten:

„Den Seminaristen ist eine bewährte pastorale Wahrheit in Erinnerung zu rufen: ,Niemand ist besser dazu geeignet die Jugendlichen zu evangelisieren, als die Jugendlichen selbst. Die jungen Studenten, die sich auf das Priesteramt vorbereiten, [...] sind als einzelne und als Gemeinschaft die ersten und unmittelbaren Apostel der Berufung inmitten anderer Jugendlichen."[34]

---

32 Vgl. dazu Hennecke, Berufungspastoral, S. 49f: „Sie [die jungen Menschen] haben in den wenigsten Fällen prägende Glaubenserfahrungen und oft auch keine Wege des Hineinwachsens in den Glauben gehen können. [...] Solche Wege und Räume zu öffnen, jungen Menschen persönliches wie auch gemeinschaftliches Wachstum zu ermöglichen, die eigenen Gaben zu entdecken und ins Spiel zu bringen, darum ginge es zuerst in einer kirchlichen Berufungspastoral."

33 Zur Bedeutung von „peer groups" bei der Lebensorientierung und Entscheidungsfindung vgl. Jugend 2010, 16. Shell Jugendstudie, Frankfurt 2010, S. 80–83.

34 Pastorale Leitlinien zur Förderung der Berufungen zum Priesteramt Nr. 15 unter

Die Rede ist an dieser Stelle allerdings nur von den *Seminaristen*, die zum personalen Mitwirken aufgerufen sind, und nicht vom Seminar, das sich diese Aufgabe *als Institution* ebenfalls zu eigen machen könnte. Die Idee, das Wirken der Seminaristen durch strukturelle Anpassungen zu stützen oder tatsächlich erst zu ermöglichen, kommt nicht auf. Berufungspastoral wird auf das persönliche Wirken des Einzelnen beschränkt und nicht als institutionelle Aufgabe des Seminars gesehen. Dies fällt im Papier der Bildungskongregation umso mehr auf, als eine ganze Reihe anderer Institutionen (wie etwa Schulen[35] oder das Kleine Seminar[36]) ausdrücklich benannt werden.

Notwendig ist aber nicht nur die Bereitschaft der einzelnen Mitglieder der Seminargemeinschaft, sondern auch die strukturelle Offenheit der Institution Priesterseminar. Diese Öffnung und Weiterentwicklung bedeutet eine nicht unerhebliche Veränderung in der Seminarkonzeption. Sie ist jedoch unerlässlich und bewegt sich auf der Linie des Zweiten Vatikanischen Konzils, das die Berufungsklärung zu einer der wesentlichen Aufgaben des Seminars gemacht hat. Neu ist, dass diese Aufgabe des Seminars heute schon lange vor dem offiziellen Eintritt von Interessenten einsetzt.

Berufungspastoral muss deswegen dort räumlich und institutionell verortet sein, wo ein Beziehungsgeschehen zwischen Interessierten und solchen, die in unterschiedlicher Weise auf dem Weg sind, generiert werden kann: In Berufungsgruppen im eigenen Dekanat oder der eigenen Region, im Umfeld der Fakultäten, der Mentorate und Ausbildungseinrichtungen – und vor allem auch in den Priesterseminaren. Diese Einrichtungen wiederum stehen vor der Aufgabe, eine Struktur und ein Selbstverständnis zu entwickeln, die sie selbst zum Teil eines umfassenden berufungspastoralen Geschehens werden lässt.

Verweis auf ein 1982 veröffentlichtes Abschlussdokument eines Kongresses der Bischöfe und anderer Verantwortlicher für kirchliche Berufungen.
35 Ebd., Nr. 15.
36 Ebd., Nr. 19.

5.4 Ertrag: Das Seminar als berufungspastoraler Ort

Es hat sich gezeigt, dass das Priesterseminar ein berufungspastoraler Ort von hoher Relevanz ist. Dies gilt nicht nur, aber selbstredend vor allem im Blick auf junge Männer mit Interesse am Priesterberuf. Das konventionelle Selbstverständnis eines Seminars trennt klar zwischen zwei Gruppen: den bereits ins Seminar aufgenommenen Priesteramtskandidaten, die die primäre Zielgruppe der Seminarkonzeption bilden, und den Interessenten am Priesterberuf, die als Kurzzeit- oder Zaungäste willkommen sind, aber keine institutionell relevante Gruppe sind. Die heute vorherrschende Seminarkonzeption definiert sich nach wie vor allein von der Gruppe der bereits (Vor-)Entschiedenen her und nimmt in der Regel als entscheidenden Zeitpunkt den Seminareintritt. Die Berufungsbiografien zeigen aber längst eine andere Realität: Dem Seminareintritt geht eine oft jahrelange Phase der Klärung und Entscheidungsfindung voraus, die sich weit in die Studienzeit hineinziehen kann und viel von dem vorweg nimmt, was früher vor allem in der Seminarzeit geschah. Diese langen vorgelagerten Phasen resultieren nicht aus einer im Vergleich zu früher gewachsenen Entscheidungsschwäche potenzieller Priesteramtskandidaten, sondern sind Folge komplexer Veränderungen in der Berufungsentscheidung hin zum Priesterberuf. Ein Seminar muss für diese Gruppe in gleicher Weise Verantwortung übernehmen wie für die eigentlichen Seminaristen, und zwar nicht nur ideell, sondern auch institutionell in der Seminarkonzeption.

Ziel einer konzeptionellen Weiterentwicklung in diesem Sinne ist ein Seminar, das für Interessierte am priesterlichen Dienst auch vor ihrer Entscheidung zum Eintritt selbstverständlich, niederschwellig und authentisch erlebbar ist. Dazu gehören unterschiedliche Möglichkeiten zum Mitleben im Seminar und eine Seminarkonzeption, die einem Theologiestudenten auch dann eine intensive Nähe zum Seminaralltag und seinen Angeboten erlaubt, wenn er (noch) nicht aufgenommener Kandidat ist. Voraussetzung dafür ist eine Grundhaltung des Seminarkollegiums und, noch wichtiger, der Seminaristen selbst, die solche Orientierungssituationen und Anwege nicht nur zulässt, sondern aktiv bejaht und begleitet. Für einen Interessenten am Priesteramt ist das Seminar die Blaupause für den priesterlichen Dienst in der Diözese. Er schließt, sei es bewusst oder unbewusst, vom Selbstverständnis und Selbstvollzug eines Seminars auf die Diözese. Für den Verlauf einer Berufungsentscheidung kann es von wesentlicher Bedeutung sein, ob ein Interessent erstens überhaupt die Möglichkeit erhält, aktiv und authentisch am Seminaralltag teilzunehmen, und ob er zweitens auf diesem Weg eine offene, interessierte und geistlich motivierende Gemeinschaft erlebt, die er als konstruktives Element seiner Berufungsentscheidung erleben kann. Das Seminar und damit alle, die in ihm leben und wirken, werden damit selbst zu einem relevanten Faktor bei der Berufungsentscheidung eines Interessenten. Es können Vorurteile und eigene Bedenken im Blick auf den Seminarbetrieb ausgeräumt (oder, im negativen Fall, bestätigt) werden. Ein Interessent trifft dort junge Männer, die selbst bereits ins Seminar aufgenommen, auf dem Weg ihrer Berufungsklärung vielleicht aber nur einen kleinen Schritt weiter sind als er selbst und so als gleichberechtigte Austauschpartner bei der Klärung der Motivation erlebt werden können. Er erlebt seine eigene noch ungeklärte Entscheidungssituation nicht als defizitär oder nachrangig, sondern eingebunden in eine Dynamik des Seminars, die diese konkrete Lebenssituation positiv deuten kann und will – unabhängig davon, welche Entscheidung am Ende vom Interessenten oder von der Seminarleitung getroffen wird.

6
Jeder darf so kommen, wie er ist: Von der deduktiven zur induktiven Konzeption des Seminars

Die aktuelle Diskussion um die Zukunft der Priesterseminare ist von drei wesentlichen Bestimmungsfaktoren geprägt: erstens die kirchenrechtlichen Regelungen einschließlich der staatskirchenrechtlichen Rahmenbedingungen der Fakultäten, zweitens die faktisch vorhandenen Seminare mit ihrer historischen und ideellen Bedeutung, ihren Gebäuden und personellen Strukturen sowie drittens die sinkende Zahl der Priesteramtskandidaten. Letztere steht dabei im Vordergrund, da der Rückgang der Seminaristenzahlen den Handlungsdruck erzeugt und bestehende Systeme in Frage stellt. Die anderen Faktoren spielen aber, oft weniger deutlich ausgesprochen, eine ebenso wichtige Rolle, da vom Bestand eines Seminars Fragen der diözesanen Identität ebenso abhängen wie Arbeitsplätze oder möglicherweise gar die Existenz ganzer theologischer Fakultäten, wenn deren Bestand von einem Priesterseminar vor Ort abhängt. Das Seminar ist damit in eine komplexe Struktur von externen Bestimmungsgrößen und vermeintlichen oder tatsächlichen Sachzwängen eingebettet. Folglich wird es nach wie vor eher deduktiv von seiner institutionellen Funktion her gedacht als induktiv von seinen Zielsetzungen im Blick auf die Priesterbildung und damit von den Seminaristen und Interessenten am Priesteramt selbst ausgehend. Diese Seminarkonzeption wird umso problematischer, je individueller und unterschiedlicher die Wege und Biografien sind, mit denen Priesteramtskandidaten in ein Seminar eintreten. Diese Ausdifferenzierungen werden nicht selten als Störfaktoren in einem Seminarsystem empfunden, das in seinem Vollzug noch immer homogene Biografien aus homogenen Milieus voraussetzt.

Eine induktive Seminarkonzeption wählt im Gegensatz dazu als Bezugspunkte erstens den einzelnen Interessenten oder Priesteramtskandidaten mit seiner individuellen, einzigartigen Berufungsbiografie sowie zweitens die konkrete pastorale Situation einer Diözese und die Anforderungen, die sich daraus für künftige Priester ergeben. Beides bringt sie in Bezug zum lehramtlichen Rahmen der Priesterausbildung und seinen Aussagen zu Priesterbild und pastoraler Praxis. Ausgangspunkt für die institutionelle Ausformung des Seminars ist der einzelne Interessent oder Kandidat. Die Institution Priesterseminar muss sich daran messen lassen, ob sie einen geeigneten Rahmen für dessen Berufungsklärung und Ausbildung bieten kann. Eine induktive Seminarkonzeption achtet darüber hinaus in gleicher Weise darauf, dass sie die konkrete pastorale Praxis, auf die jede Priesterausbildung ausgerichtet sein muss, institutionell integriert. Der Praxisbezug muss im Seminargeschehen selbst substanziell integriert sein und darf nicht etwa als Unterpunkt eines Ausbildungsprogrammes routinegemäß abgehakt werden. Nur in einer unmittelbaren biografischen und lebensweltlichen Verortung können lehramtliche Aussagen zum Dienst und Amt des Priesters in die Priesterausbildung integriert werden. Ansonsten bleiben sie ein abstraktes Lehrkonstrukt in einer Sonderwelt des Seminars und sind wenig tragfähig für eine spätere priesterliche Existenz.

III.
Optionen

Prinzip der konzentrischen Kreise: Das Priesterseminar als Ort der Ermöglichung von Berufungsklärung

7.1 In der Tradition der Ermöglichung

Das Konzil von Trient hat das Priesterseminar als eine Institution der Reform geschaffen. Ziel war es nicht, die Seminare als Ersatz für andere bestehende Ausbildungseinrichtungen zu etablieren oder diese gar zu verdrängen. Der Grundgedanke der Seminarkonzeption war vielmehr ein subsidiärer: Was im bisherigen System der Priesterausbildung nicht geleistet oder erreicht werden konnte, sollte in den neuen Priesterseminaren möglich sein. Im Kontext des Konzils von Trient war dies vor allem die Ermöglichung von Bildung für die Gruppe der Priesteramtskandidaten, die sich aus eigenen finanziellen Mitteln keine theologische Ausbildung leisten konnten.[1] Zwei zusammenhängende Erkenntnisse lagen dieser Konzeption zugrunde: Zum einen die unzureichende Bildung des Klerus als Krisenmoment, zum anderen die fehlenden finanziellen Mittel der Bewerber als zumindest eine Ursache dieses Mangels. Das Seminar sollte ein Mindestmaß an Bildung vor allem durch seine umfangreiche Regelung der Finanzierung der Seminare gewährleisten. Damit verband sich eine grundsätzlich neue Sicht auf die Bedeutung der theologischen und, zumindest anfanghaft, auch praktischen Ausbildung der Priester. Die subsidiäre Funktion des Seminars trug der Erkenntnis Rechnung, dass es zum Zeitpunkt des Konzils bereits Orte und Traditionen der Priesterbildung gab (wie Universitäten, Kathedralschulen), die diese Bildung ganz oder teilweise leisten konnten. Das Seminar sprang nur dort ein, wo diese Systeme nicht vorhanden waren oder nicht funktionierten. Das Seminardekret geht selbstverständ-

---

1 Vgl. Kap. 2.1.2.

lich davon aus, dass es auch weiterhin verschiedene Formen der Priesterbildung geben werde. Ziel des Seminars war es, zu ermöglichen, was auf andere Weise nicht mehr oder nur unzureichend möglich war.

Nach dem Zweiten Vatikanischen Konzil wurden zwar die Inhalte der Priesterausbildung neu konzipiert und damit den Vorgaben der Konzilsväter bezüglich Priesterbild und Ausbildung angepasst. Auch der Vollzug des Seminarbetriebs und damit wesentliche Teile der Seminarkonzeption wurden reformiert. Das Selbstverständnis des Priesterseminars als Institution blieb dagegen in großer Beharrungskraft nahezu unverändert: Es war weiterhin der Ort der Ausbildung von jungen Männern, die in ihrer Berufungsklärung so weit fortgeschritten waren, dass ein Ersuchen um Aufnahme als Priesteramtskandidat der nächste logische und mögliche Schritt war. Die immer größer werdende Kluft zwischen diesem Selbstverständnis und dem tatsächlichen Verlauf von Berufungsbiografien ist eines der Krisensymptome heutiger Seminarkonzeptionen. Nimmt man den Ursprung des Priesterseminars als Ort subsidiärer Ermöglichung ernst, ergibt sich hier eine neue Herausforderung für Seminare, die den übrigen Aufgaben an Bedeutung in nichts nachsteht: Die Ermöglichung von Berufungsorientierungen, -klärungen und -entscheidungen.

7.2 Ein kirchliches „Gap Year" zur Orientierung und Berufungsklärung

Wie kann eine solche Phase der Orientierung und Entscheidungsfindung aussehen? Welches Profil muss sie aufweisen, damit sich ein Berufungsprozess entfalten und entwickeln kann? Welche Herausforderungen und Ansprüche muss ein solcher Resonanzraum bieten, um Reifungen und Klärungen zu ermöglichen?

Diese Fragestellungen zielen zunächst nicht auf eine unmittelbare Entscheidung zum Priesteramt, sondern auf die Fähigkeit und die persönliche Reife, eine solche (Vor-)Entscheidung überhaupt treffen zu können. Die vorrangige Zielperspektive eines Resonanzraums zur Berufs- und Berufungsklärung ist nicht die eigentliche Entscheidung, sondern die Ermöglichung der Entscheidung. Und die Zielgruppe, für die ein entsprechendes Angebot konzipiert sein müsste, geht weit über potenzielle Priesteramtskandidaten hinaus. Denn die Berufungsklärung eines Interessenten am Priesteramt unterscheidet sich dabei bis zu einem bestimmten Punkt in vielerlei Weise nicht von der Art und Weise, wie andere junge Frauen und Männer ihre Lebenswirklichkeit wahrnehmen und Entscheidungen über ihre Ausbildung, ihren künftigen Beruf und über ihre Lebensziele treffen. Das gesellschaftliche und biografische Umfeld, in dem diese Entscheidungen getroffen werden, hat sich in den letzten Jahren erheblich gewandelt. Klassische Resonanzräume dieser Klärungen sind weggefallen oder haben sich erheblich verkleinert. Ein relativ simpler Grund für diese Veränderungen ist das deutliche gesunkene Lebensalter, in dem weitreichende Entscheidungen getroffen werden müssen. Die Einführung des „G-8-Abiturs" hat in den meisten Bundesländern zu einer um ein Jahr verkürzten Bildungszeit geführt. Die Aussetzung der allgemeinen Wehrpflicht 2011 führte dazu, dass Männer, die ein G-8-Abitur absolviert hatten, von nun an zwei Jahre früher Studien- und Berufsentscheidungen zu treffen hatten als dies noch wenige Jahre zuvor der Fall war. Diese Jahre fehlen als Raum für Orientierungen und Entscheidungen.

Die Auswirkungen dieser Entwicklung waren beträchtlich – auch für die Universitäten, in denen nun zahlreiche Erstsemester eingeschrieben waren, die kaum 18 Jahre alt waren. Der Erziehungswissenschaftler Volker Ladenthin beschreibt auf der Grundlage einer mehrjährigen Analyse von universitären Lehrveranstaltungen und schriftlichen Arbeiten die veränderte Grundhaltung dieser Altersgruppe im universitären Kontext:

„Das Problem von G 8 sind also offensichtlich nicht fehlende Kenntnisse, vielmehr lässt sich ein entwicklungspsychologisches Problem feststellen: Aufgrund der kognitiven Entwicklung scheinen die Studie-

renden nicht in der Lage, komplexe, antinomische und multikausale Prozesse [...] angemessen aufzunehmen. Es fehlen Fähigkeiten und Bereitschaft, Vorgänge streng aspektgebunden oder multiperspektivisch zu betrachten."[2]

Weiterhin konstatiert Ladenthin „überhaupt eine geringere Frustrationstoleranz"[3] und eine mangelnde Bereitschaft, eigenständige Fragestellungen und Deutungsmuster zu entwickeln. „Schon gar nicht soll eine Wissenschaft da Fragen machen, wo bisher keine waren."[4] Im Hintergrund sieht Ladenthin nicht ausreichende entwicklungsrelevante Erfahrungen:

„*Schwerwiegend ist der Mangel an authentischer (das heißt nicht inszenierter oder organisierter) Lebenserfahrung. Eigene Erlebnisschilderungen beziehen sich auf das enge Umfeld oder aber – sehr häufig – auf mediale Klischees [...] Lebensweltliche Konfliktsituationen werden entproblematisiert. Das Leben ist ‚kein Problem', sondern stellt nur Aufgaben, die man bewältigen kann. Tragik, also die Berechtigung zweier sich ausschließender Geltungsansprüche, wird nicht empfunden – wohl aber Enttäuschung. Aber der Sinn für die Komplexität lebensweltlicher Entscheidungen fehlt nahezu völlig.*"[5]

Zahlreiche Erfahrungsberichte von Lehrenden an Hochschulen und Universitäten kommen zu ähnlichen Ergebnissen. Damit einher geht häufig eine deutliche Defizitorientierung im Blick auf die Studierenden: Was früher selbstverständlich vorausgesetzt werden konnte, kann man heute nicht mehr erwarten. Freilich liegt dieser Entwicklung das Problem zugrunde, dass eine einschneidende Änderung im Bildungssystem wie die Einführung des G 8 (verstärkt durch andere Entwicklungen wie die Aussetzung der Wehr-

---

2 Ladenthin, Es fehlt an Urteilskraft, S. 7.
3 Ebd., S. 18.
4 Ebd.
5 Ebd.

pflicht) einher ging mit unveränderten Erwartungen der Universitäten. Die plötzlich entstandene Reife- und Erfahrungslücke wird damit vornehmlich zum Problem der Studierenden.

Die Analysen Ladenthins spiegeln das entwicklungspsychologische Problem wider, dass junge Männer und Frauen, sollten sie direkt von der Schule auf die Universität wechseln, mit Erwartungen hinsichtlich ihrer kognitiven und emotionalen Reife sowie ihrer Urteils- und Entscheidungsfähigkeit konfrontiert werden, die sie (noch) nicht erfüllen können. Dieser Befund lässt sich analog auf die Eingangssituation eines Priesterseminars übertragen: Von den Interessenten am Priesteramt wird eine (Vor-)Entscheidung erwartet, die diese – so sie denn direkt vom Abitur kommen – kaum oder nur bedingt treffen können. Zusätzlich zum tendenziell jüngeren Alter dieser Zielgruppe kommt hinzu, dass die klassischen Resonanz- und Klärungsräume in der Familie und dem heimatlichen kirchlichen Umfeld häufig erodieren oder gar nicht mehr vorhanden sind. Eine gelingende Begleitung dieser jungen Männer in ihrer Studien- und Berufungsorientierung setzt voraus, dass diese fehlenden Resonanzräume nicht zum Problem der Interessenten gemacht werden dürfen. Anders herum muss die Seminarkonzeption für die potenziellen Interessenten am Priesteramt diese Räume strukturell integrieren, so dass deren Inanspruchnahme „normal" ist und kein Ausdruck eines defizitären Weges zum Priesteramt.

Im Laufe der letzten Jahre sind im säkularen und auch im kirchlichen Kontext zahlreiche Angebote entstanden oder weiterentwickelt worden, die ein einjähriges Praktikums-, Studien-, Dienst- oder Erlebnisjahr vorsehen. Diese Formate werden inzwischen unter der Sammelbezeichnung „Gap Year" zusammengefasst und unter Jugendlichen und Studierenden vermarktet.[6] Die

---

6 Vgl. z. B. Gap year. Jetzt mal raus hier, in: www.sueddeutsche.de (2.4.2015, aufgerufen Dezember 2015), Zeit zur Orientierung. Bevor der Ernst des Lebens beginnt, in: www.tagesspiegel.de (29.7.2012, aufgerufen Dezember 2015), Probieren geht vor Studieren, in: Frankfurter Allgemeine Zeitung (19./20.4.2014, S. C3).

in dieser Zielgruppe meinungsbildende Wikipedia-Definition bezeichnet ein Gap Year als „Zeitraum zwischen zwei wichtigen Lebensabschnitten junger Menschen"[7] Zielsetzung des Jahrs ist es demnach, „Neues auszuprobieren, zu reisen, Sprachen zu lernen, die Welt zu erforschen und Erfahrungen zu sammeln, bevor man sich auf seine längerfristige berufliche Laufbahn fokussiert".[8] Die Angebote in diesem Bereich wachsen ständig, werden zunehmend kommerzialisiert und erschließen neue Formate, die auf bereits erfolgreiche Konzepte in anderen Ländern zurückgreifen.[9]

Zahlreiche Formate wie der Bundesfreiwilligendienst (Bufdi), das Freiwillige Soziale Jahr (FSJ), das Freiwillige Ökologische Jahr (FÖJ), der Europäische Freiwilligendienst (EFD) werden auch von kirchlichen Trägern angeboten[10], andere wie „Missionar auf Zeit" (MaZ) oder der Weltkirchliche Friedensdienst werden ausschließlich von kirchlichen Einrichtungen oder Ordensgemeinschaften durchgeführt. Die Nachfrage nach diesen Angeboten ist in den vergangenen Jahren stark angewachsen.[11] Die meist auf ein Jahr angelegten Freiwilligendienste haben maßgeblich dazu beigetragen, dass die Bereitschaft gewachsen ist, nach dem Abitur nicht sofort in ein Studium oder eine Ausbildung einzusteigen, sondern ein Gap Year einzuschieben, das auf unterschiedliche Weise zur Weiterbildung und Orientierung dienen soll. Charakteristisch für erfolgreiche Angebote wie FSJ oder MaZ ist eine konzeptionelle Gestaltung, die die Absolventen in verantworteter Weise vor

---

7 „gap-year" in www.wikipedia.de (aufgerufen Dezember 2015).

8 Ebd.

9 Kommerzielle Angebote wie der Volunteer-Tourismus verknüpfen dabei häufig (vermeintlich) gemeinnützige Volunteering-Projekte mit attraktiven Erlebnis- und Exposure-Konzepten. Vgl. z. B. „Voluntourismus" auf www.wikipedia.org (aufgerufen November 2015).

10 Vgl. z. B. www.freiwilligendienste-rs.de (aufgerufen November 2015).

11 Vgl. z. B. http://www.caritas-os.de/aktuelles/nachfrage-nach-freiwilligendiensten-ungebrochen Meldung vom 22.1.2015, (aufgerufen November 2015), http://www.news4teachers.de/2013/08/grosse-nachfrage-nach-freiwilligendienst-wohlfahrtsverband-meldet-bereits-einstellungsstopp/ 10.8.2013 (aufgerufen November 2015).

Herausforderungen stellt, die sie bisher in dieser Weise nicht kannten und die sie an Grenzerfahrungen unterschiedlicher Art heranführen. Die Jahresprogramme besitzen eine innere Dynamik, die den Absolventen fordert und an Erfahrungen heranführt, die läuternd und persönlichkeitsbildend wirken können. Solche Angebote vermitteln nicht nur Lebenserfahrung, sondern stellen auch einen guten Resonanzraum für Studien- und Berufungsklärungen dar. Sie können in mancherlei Hinsicht auch Vorbild für potenzielle Angebote der Berufungspastoral und für Elemente der Ermöglichung von Berufungsklärungen in der Seminarkonzeption sein.

7.3 Vorschlag einer Kriteriologie für ein Orientierungsjahr im Umfeld eines Priesterseminars

Wie müsste ein Orientierungsjahr aussehen, das dazu geeignet wäre (nicht nur, aber auch) Interessenten am Priesteramt einen Resonanzraum für ihre Berufungsentscheidung zu bieten? Im Folgenden wird eine entsprechende Kriteriologie vorgeschlagen, die die zahlreichen Veränderungen in den Berufungsbiografien sowie im kirchlichen und gesellschaftlichen Umfeld berücksichtigt, die an verschiedenen Stellen dieses Buches erläutert wurden.

1. Der Teilnehmerkreis umfasst nicht nur potenzielle Interessenten am Priesteramt
Das Orientierungsjahr eines Seminars ist nicht nur offen für Interessenten am Priesteramt, sondern auch für andere junge Männer und Frauen, die in einem kirchlich-geistlichen Kontext ihre Berufs- und Berufungsklärungen suchen.

Hintergrund:
Dieses Kriterium einer weiten Zielgruppe mag überraschen, es ist aber eine wesentliche Voraussetzung für einen niederschwelligen Zugang: Wer sich für das Jahr entscheidet, braucht sich damit

(noch) nicht automatisch im privaten Umfeld zu einem möglichen Berufswunsch Priester zu bekennen. Diese Öffnung entlastet Interessenten am Priesteramt von dem Druck, den Eintritt in ein mit Vorbehalten und Vorurteilen belastetes „geschlossenes System" vor sich selbst und vor anderen zu legitimieren. Gleichzeitig ermöglicht eine Gruppe, die kirchlich hoch motivierte Teilnehmer integriert, die nicht Priester werden möchten, einen umfassenderen Klärungshorizont. Dieser Rahmen, der einer Priesterberufung grundsätzlich positiv gegenübersteht und gleichzeitig andere Berufs- und Lebensentwürfe präsent werden lässt, ermöglicht Interessenten am Priesteramt eine weitere Möglichkeit der Klärung ihrer Motivation. Darüber hinaus trägt diese Konzeption dazu bei, dass sich eine Priesterberufung nicht unter Ausschluss oder in Abgrenzung gegenüber anderen christlichen Berufungen formt und festigt, sondern in einem fruchtbaren Miteinander.[12]

2. Das Orientierungsjahr ist organisatorisch selbstständig, aber strukturell so an das Seminar angebunden, dass dieses selbstverständlich erlebt werden kann.

Das Orientierungsjahr ist strukturell in einer ausgeglichenen Balance zwischen Nähe und Distanz zum Seminar verortet. Seine räumliche Verortung kann in einem Teil des Seminars oder andernorts erfolgen, jedenfalls vom eigentlichen Seminarbetrieb sichtbar getrennt. Die Leitung des Jahres erfolgt nicht in Personal-

---

12 Hennecke stellt solche Erfahrungsmöglichkeiten in einen ausdrücklich ekklesiologischen Kontext: „Wenn die Kirche der Zukunft einen weitaus stärkeren Akzent auf Gemeinschaftsvollzüge und Partizipationsprozesse legt, dann ist zum einen intensiv an der Beziehungsfähigkeit der Seminaristen zu arbeiten. Zum anderen: Gemeinschaft kann man nicht glaubhaft ins Leben bringen, wenn man selbst keine Erfahrung damit hat. Wie kann die geistliche Dynamik der Gemeinschaft in unseren Seminaren prägend wirken – gerade in postmodernen Zeiten stetiger Individualisierung? Ist eine Kirche der Beteiligung, die sich als Netzwerk unterschiedlicher Gemeinschaftsformen darstellt, der Horizont des Kommenden, dann wäre es wichtig, dass Seminaristen eine eigene Erfahrung solcher Kirchlichkeit im Seminar und im Volk Gottes machen können: Nur was selbst erfahren und eingeübt wird, kann weitergetragen werden." Hennecke, In einer Kirche der Beteiligung, S. 27.

union mit der Leitung des Priesterseminars und ist auch nicht davon abhängig. Gleichzeitig können die Teilnehmer des Orientierungsjahres an vielen Elementen des Seminarlebens (Gottesdienste, geistliches Leben, Mahlzeiten) partizipieren. Sie sind dabei nicht nur Gäste, sondern über gemeinsame Vollzüge und Vorbereitungen strukturell eingebunden.

Hintergrund:
Das selbstverständliche Mitleben in Teilen des Seminaralltags ist ein wichtiger Schritt einer niederschwelligen Annäherung an das Priesterseminar. Die sich im Alltag ergebenden Kontakte zu anderen Interessenten, Gleichgesinnten und den Priestern, die im Seminar tätig sind, ermöglichen personale Begegnungen als ein wesentliches Element des Klärungshorizontes. Die strukturelle Eigenständigkeit und die eigenständige Leitung des Orientierungsjahres ist sichtbarer Ausdruck der Offenheit der Berufungsfrage und betont gleichzeitig bei allen Schnittmengen die Differenz zum Seminar. Da die Aufnahme in ein Orientierungsjahr noch keine Aufnahme in das Priesterseminar darstellt, sind Berufungsklärungen, die nicht in einen Eintritt ins Seminar münden, sowohl von Seiten des Interessenten als vor allem auch von Seiten des Seminars leichter zu vollziehen.

3. Das Jahr weist einen inhaltlichen Anspruch und Mehrwert sowie eine innere Dynamik auf, die die Teilnehmer fordert.
Die Inhalte des Jahres (wie Sprachkurse, theologische Basiskurse, Weiterbildungen, geistliches Programm, Vermittlung von Schlüsselqualifikationen, Freiwilligendienste, „exposure"-Elemente) werden nicht nur absolviert, sondern als Herausforderung „bewältigt". Qualifizierte Prüfungen, ungewohnte Herausforderungen in neuen Lebenskontexten und damit verbunden persönliche Grenzerfahrungen verleihen dem Jahr Anspruch, Struktur und Dynamik, die Orientierungs- und Entscheidungsprozesse fördert. Wird mit dem Orientierungsjahr die Möglichkeit des Erwerbs von später z. B. in einem Studium verwendbaren Leistungsnach-

weisen verbunden, erhält es eine weitere Legitimationsgrundlage.

Hintergrund:
Die positiven Erfahrungen des Einzelnen und der Gruppe, eine neue Herausforderung souverän bewältigt zu haben, sind eine Grundlage für reflektierte und aus einer Position der eigenen Stärke heraus gefällte Berufs- und Berufungsentscheidungen. Ein Orientierungsjahr wird seiner Bestimmung dann gerecht, wenn die Orientierung und Entscheidungsfindung nicht zum vordergründig zentralen Thema und damit Selbstzweck wird, sondern sich in Auseinandersetzung mit neuen Lebens- und Glaubenserfahrungen ereignet.

4. Berufungsklärung steht im Vordergrund, nicht Personalakquise.

Es gibt keine emotionale oder faktische Privilegierung der Teilnehmer, die sich bereits im Vorfeld oder während des Orientierungsjahres entschlossen haben, um Aufnahme ins Priesterseminar zu bitten. Im Vordergrund steht eine gelingende Studien-, Berufungs- und Berufsklärung, nicht die Anwerbung von Personal. Der inhaltliche, geistliche und emotionale Mehrwert eines Jahres kommt allen Teilnehmern in gleichem Maße zugute, egal, ob sie am Ende das Priesteramt, einen anderen kirchlichen Dienst oder einen Beruf außerhalb der Kirche anstreben. Die Elemente des Orientierungsjahres, die auf eine inhaltliche und geistliche Vorbereitung einer Berufungsentscheidung hinführen, sind motivierend und einladend, nicht offensiv oder latent drängend.

Hintergrund:
Eine Privilegierung von Interessenten am Priesteramt in der Konzeption oder im Verlauf eines Orientierungsjahres ist in doppelter Weise kontraproduktiv: Sie kann zum einen die Motivationen und die Berufungsklärung des Interessenten beeinflussen, zum anderen belastet sie den Verlauf und den Selbstvollzug

der Gruppe aller Teilnehmer eines Orientierungsjahres. Eine wie auch immer geartete Bevorzugung von Interessenten am Priesteramt bringt diese damit unter Rechtfertigungsdruck. Ein Orientierungsjahr kann dann Entscheidungsprozesse (auch hin zum Priesteramt oder kirchlichen Beruf) gelingend fördern, wenn es von den Teilnehmern als Dienst an ihnen selbst wahrgenommen wird und nicht als verkleidetes Assessment-Center einer Großinstitution.

5. *Das Jahr vermittelt vielfältige Kontakte zur Lebens- und Glaubenswirklichkeit der Diözese*
Ein Orientierungsjahr, das den Rahmen zur Entscheidung für ein Theologiestudium als Priesteramtskandidat oder auch mit Blick auf einen anderen pastoralen Beruf bietet, ermöglicht zahlreiche und unterschiedliche Begegnungen mit der diözesanen Wirklichkeit. Exkursionen, Kurzpraktika, Gemeindeerfahrungen und Gespräche mit Pfarrern und anderen pastoralen Berufsträgern erweitern den eigenen Erfahrungshorizont. Wenn möglich werden auch weltkirchliche Kontakte in das Programm integriert.

Hintergrund:
Eine Entscheidung zum Priesteramt kann wie generell jede Entscheidung zu einem pastoralen Beruf nur dann verantwortet getroffen werden, wenn sie sich nicht virtuell oder selbstreferenziell vollzieht, sondern im Bezug zum Volk Gottes, in dem das priesterliche Wirken später verortet sein wird. Berufung ist ein gottmenschliches Geschehen, bei dem die Dynamik zwischen dem Rufenden und dem Gerufenen im Mittelpunkt steht. Das Ja des Gerufenen kann jedoch nur dann verantwortet erfolgen, wenn er weiß, in welchen konkreten Dienst und welche Lebenskontexte er gerufen wird.

6. *Gottsuche, Gotteserfahrung und Biografiedeutung haben ihren festen strukturellen Ort*

Das Orientierungsjahr ist ein geistliches Jahr und präsentiert sich auch als solches. Neben den anderen fordernden Inhalten ist die geistliche Entwicklung und Reifung ein wesentliches Element des Jahres. Die regelmäßige Feier der Eucharistie und anderer Gottesdienste sowie ein geistliches Curriculum sind feste Bestandteile des Jahres. Innerhalb dieses Programms gibt es Gestaltungsräume durch die Kombination verpflichtender und freiwilliger Elemente, die eine unterschiedliche Intensität der Teilnahme ermöglichen.

Hintergrund:

Die Erschließung der eigenen Biografie, ihre Hinordnung auf eine Berufung und eine damit verbundene Studien-, Berufs und Lebensentscheidung ist ein geistlicher Prozess, der seinen eigenen strukturellen Ort benötigt. Ein Curriculum, das Deutungsmuster der eigenen Biografie im Licht des Glaubens vermittelt und in Wege des Betens und der Unterscheidung einführt, muss ein verpflichtendes Element des Jahres sein. Das Jahr erhält dadurch eine mystagogische Dimension, die auf einen Zusammenhang zwischen Glaubenserfahrungen und praktischen Lebensentscheidungen verweist.[13] Zusätzlich werden freiwillige und individuelle Elemente wie eine geistliche Begleitung angeboten. Die Gruppe geht damit einen gemeinsamen geistlichen Weg, der aber gleichzeitig unterschiedliche individuelle Ausgestaltungen zulässt.

---

13 Vgl. dazu Karl, Biografieforschung als Weg der Theologie.

7. Das Seminar macht sich die Berufungsklärung als Kernaufgabe und mit ihr eine Haltung der Offenheit und Zugewandtheit im Blick auf Berufungsprozesse zu eigen

Dieses Kriterium fordert keine objektiv nachprüfbaren Strukturen, sondern eine innere Haltung der Seminargemeinschaft, die notwendig ist, um das Priesterseminar zu einem echten berufungspastoralen Ort werden zu lassen. Die Berufungspastoral wird zu einem Grundmodus der Seminarkonzeption. Die Seminargemeinschaft ist bereit, Berufungsprozesse von Interessenten zu begleiten, mitzugestalten und praktisch wie geistlich mitzutragen.

Hintergrund:

Die meisten Priesterseminare werden selbstverständlich von sich behaupten, dass sie Berufungsklärungen fördern und begleiten. Zumindest werden sich die meisten Seminaristen und Mitglieder der Hausleitungen selbst so wahrnehmen. Eine systemische und infolge auch strukturelle Verankerung dieser Dimension fehlt jedoch häufig. Was strukturell nicht vorgegeben und in den oft sehr beharrlichen Traditionen und Selbstvollzügen eines Seminars nicht verankert ist, wird jedoch nur schwerlich zu einem Teil des Selbstverständnisses der Institution Priesterseminar. In der Außenwahrnehmung besteht nach wie vor die Gefahr, dass eine Seminargemeinschaft den Eindruck eines geschlossenen, sich selbst genügenden Systems weckt. Eine Haltung der Offenheit und Zugewandtheit gegenüber jungen Menschen, die auf der Suche nach ihrer Berufung sind, lässt sich nicht ohne weiteres in das Selbstverständnis eines Priesterseminars implementieren – zumal dann, wenn von vorneherein die Möglichkeit bejaht wird, dass diese Klärungen auch zu ganz anderen Berufen und Berufungen führen können. Eine nicht nur ideelle, sondern auch strukturelle Verknüpfung der Berufungsorientierung mit der Seminarkonzeption kann die Notwendigkeit eines Wandels in der Kultur eines Seminars dauerhaft präsent machen.

Dieser Vorschlag einer Kriteriologie kann sich in sehr unterschiedlichen Ausformungen von Gap Years im Umfeld von Priesterseminaren konkretisieren. Auch die Zielsetzungen können deshalb innerhalb eines großen Primärziels der Berufs- und Berufungsorientierung variieren: Im Kontext einer Universität angesiedelte Gap Years werden die Studienorientierung und Kompetenzerweiterungen im Vor- oder Umfeld des Studiums (z. B. Sprachenerwerb) im Blick haben, ein Studium generale die Erweiterung des eigenen Bildungshorizontes, mit einem sozialen Einsatz verbundene Jahre eine Vertiefung der sozialen Sensibilität und Kompetenz. Ein gemeinsames Ziel aller Formate ist die Persönlichkeitsentwicklung, bei der die Gruppe, die das Orientierungsjahr gemeinsam absolviert, eine wesentliche Rolle spielt. Gelingt eine positive und fruchtbare Gruppendynamik, wird dies Berufungsklärungen intensivieren und fördern.

7.4 Das Orientierungsjahr im Umfeld des Seminars im Verhältnis zum Propädeutikum

Es wurde bereits erwähnt, dass zwar in *Pastores dabo vobis* vom Propädeutikum als der „dem Priesterseminar vorausliegenden propädeutischen Phase" die Rede war,[14] das Propädeutikum im Geltungsbereich der *Rahmenordnung für die Priesterausbildung* (2004) faktisch aber als Teil der Priesterausbildung eingeführt wurde. Dies geschah auf dem Hintergrund von Berufungsbiografien, die zu diesem Zeitpunkt vielerorts noch traditionellen Mustern folgten. Die im deutschsprachigen Raum etablierten Propädeutika folgen in ihrer inhaltlicher Konzeption und zeitlicher Dauer wohl unterschiedlichen Mustern, haben aber die bedeutende Gemeinsamkeit, dass sie einen bereits vollzogenen Eintritt ins Seminar oder zumindest eine entsprechende Vorentscheidung voraussetzen.

---

14 Vgl. *Pastores dabo vobis* Nr. 62, S. 125.

Hier liegt der wesentliche Unterschied zu einem im Umfeld des Priesterseminars angesiedelten Orientierungsjahr, wie es oben beschrieben wurde. Es zielt auf eine deutlich erweiterte Zielgruppe und ist nicht primär als Teil der Priesterausbildung konzipiert. Es setzt als bewusst niederschwelligeres Gap-Year-Angebot wohl eine kirchliche Sozialisation und Offenheit gegenüber spirituell-geistlichen Fragen voraus, je nach Konzeption auch Interesse an einem Theologiestudium oder einem kirchlichen Beruf, jedoch ganz bewusst (noch) keinen Eintritt ins Priesterseminar oder auch nur eine Vorentscheidung dazu. Abgesehen davon weisen beide Formate jedoch strukturell wie inhaltlich große Gemeinsamkeiten auf. Ein kirchliches Orientierungsjahr kann vor allem dann, wenn es als Zielgruppe Interessenten am Theologiestudium oder/und einem kirchlichen Beruf hat, zahlreiche Merkmale eines Propädeutikums erfüllen – auch und gerade dann, wenn Frauen und Männer mit unterschiedlichen Berufungen und Berufszielen daran teilnehmen.

Gleichwohl kann ein Gap Year am Seminar ein klassisches Propädeutikum für neu aufgenommene Priesteramtskandidaten nicht vollständig ersetzen. Das Propädeutikum schließt sich vielmehr unmittelbar an das Profil eines Orientierungsjahres an: Eine dort begonnene Berufungsorientierung und -klärung, die zur Entscheidung zum Seminareintritt geführt hat, kann in einer propädeutischen Phase intensiviert, geistlich vertieft und konkret auf den priesterlichen Dienst hin profiliert werden. Eine vollständige Doppelstruktur ist dabei möglich, aber nicht notwendig. Das priesterliche Propädeutikum kann so konzipiert sein, dass es nur die Elemente enthält, die in das Orientierungsjahr, das im Umfeld des Seminars angesiedelt ist, nicht ohnehin schon integriert sind. Beide Formate können sich inhaltlich wie strukturell überlappen und damit die Möglichkeit bieten, bei der Aufnahme von Priesteramtskandidaten unterschiedliche Einstiegsszenarien für unterschiedliche Berufungsbiografien zu gestalten. Werden beide Formate in einem Modulsystem konzipiert, kann für jeden neu aufgenommenen Priesteramtskandidaten ein Programm zusammengestellt werden, das ihn einerseits in das Ausbildungssystem integriert, andererseits aber seine individuelle Berufungsbiografie ernst nimmt.[15] Er wird dadurch nicht in ein vorgeprägtes Schema gezwängt, das seinem individuellen Weg zu einer priesterlichen Berufung nicht entspricht und diesen damit auch nicht ernst nimmt.

Die Konsequenz einer Umsetzung solcher Formate ist eine deutliche Weiterentwicklung der Seminarkonzeption: Das Priesterseminar ist mehr als bisher Ort der Orientierung und Berufungsklärung. Es gibt Schnittmengen zwischen den Orientierungsprogrammen, die im Umfeld des Seminars angesiedelt sind, und der Priesterausbildung, etwa insofern, als das Propädeutikum gemeinsame Veranstaltungen mit dem Orientierungsjahr vorsieht. Teile der propädeutischen Phase werden damit in einer Gruppe vollzogen, die eine weitaus größere Vielfalt an Berufungen und Berufszielen repräsentiert als dies in der klassischen Konzeption der Propädeutika der Fall ist. Die Klärung einer priesterlichen Berufung inmitten einer Gruppe, die in ganz unterschiedlicher Weise und in unterschiedlichen Ämtern und Diensten zum Mitwirken in der Kirche berufen ist, verweist auf ein Priesterbild, das sich in Auseinandersetzung mit diesen anderen Berufungen entfaltet und sich gleichzeitig inmitten dieser verortet. Eine Verbindung verschiedener Elemente des Propädeutikums und des Orientierungsjahres fördert damit nicht nur eine individuelle, die einzelnen Biografien ernst nehmende Berufungsklärung, sondern auch die Vermittlung eines Priesterbildes, das sich als Teil des gesamten Berufungsgeschehens der Kirche versteht. So wird in einer wichtigen Phase der Berufungsklärung und der Ausformung eines Priesterbildes erlebbar, was im Wort der Bischöfe *Gemeinsam Kirche sein* betont und vielfältig konkretisiert wird: „Das gemeinsame Priestertum aller Getauften und das Priestertum des Dienstes sind als zwei Ausgestaltungen

---

15 So z. B. realisiert in der Kooperation zwischen dem Theologisch-propädeutischen Seminar Ambrosianum und dem Hochschulkonvikt Wilhelmsstift in Tübingen.

des einen Priestertums Jesu Christi wechselseitig aufeinander verwiesen."[16]

An dieser Stelle ist ein Hinweis wichtig, der grundlegend für die gesamte Konzeption eines Orientierungsjahrs an einem Priesterseminar ist: Die breiter gesetzte Zielgruppe dieser Gap Years, die auch Personen umfasst, die nicht beabsichtigen, Priester zu werden, darf nicht dazu führen, dass diese Gruppe als Resonanzraum für die Berufungsklärung von potenziellen Priesteramtskandidaten gedacht und damit institutionell verzweckt wird. Es mag sich wohl ein solcher Reflexionsprozess ergeben und im Verlauf des Jahres werden die Synergien und Spannungen zwischen unterschiedlichen Berufungsbiografien und -zielen tatsächlich ihren Beitrag zur Berufungsklärung auch von Interessenten am Priesteramt beitragen. Das konzeptionelle und für alle transparente Ziel des Jahres muss es aber sein, allen Teilnehmerinnen und Teilnehmern unter möglichst gleichen materiellen und ideellen Bedingungen ihre Berufungsklärung zu ermöglichen. Der „Mehrwert" des Jahres muss für alle in gleicher Weise erfahrbar sein. Nur in diesem Rahmen kann sich eine authentische priesterliche Berufung ausbilden und läutern.

7.5 Ertrag: Seminarkonzeption nach dem Prinzip der konzentrischen Kreise

Eine induktive Seminarkonzeption, die jeden einzelnen Interessenten am Priesteramt in seiner individuellen Berufung ernst nimmt, richtet sich am Prinzip konzentrischer Kreise aus. Es gibt unterschiedliche Möglichkeiten, im Vorfeld der Entscheidung zum Seminareintritt Teil des Seminarlebens zu sein. Diese niederschwelligen Möglichkeiten der Teilhabe, der Orientierung und Berufungsklärung sind nicht nur Beiprogramm des eigentlichen Seminaralltags,

---

16 Bischof Franz Josef Bode bei der Vorstellung des Dokuments, zitiert nach www.katholisch.de, 23.9.2015 (aufgerufen September 2015).

sondern eigenständiger struktureller Bestandteil. Diese Form der Berufungspastoral ist nicht Mittel zum Zweck, sondern ein eigener pastoraler Auftrag des Seminars. Unentschiedenheit und komplex verlaufende Berufungsbiografien werden nicht von vorneherein defizitär beurteilt, sondern als je eigene Glaubens- und Berufungswege ernst genommen. Auf diese Weise ist es möglich, dass sich ein Interessent für ein längeren Zeitraum sehr dicht am Seminar oder auch im Seminar verortet, ohne damit eine nach außen in Familie und Freundeskreis sichtbare und damit auch zu vertretende Vorentscheidung zum Priesteramt zu verbinden. Sind diese konzentrischen Kreise so gestaltet, dass auch junge Männer und Frauen mit anderen kirchlichen und außerkirchlichen Berufszielen willkommen sind, gewinnt das Prinzip an positiver Dynamik: Es verortet die Orientierung und Entscheidung zum Priesteramt inmitten der Berufungsentscheidungen anderer junger Erwachsener, die andere Berufs- und Lebensperspektiven mit einbringen. Der Knackpunkt besteht darin, dass durch diese Öffnung und Durchlässigkeit des Seminars den Priesteramtskandidaten nichts genommen wird. Dadurch, dass hochwertig gestaltete und mitunter auch kostenaufwendige Orientierungsphasen für alle offen sind und nicht nur für erklärte Interessenten am Priesteramt, wird der besondere Charakter der Entscheidung zum Priesteramt in keiner Weise relativiert. Sie wird im Gegenteil in einen Rahmen von Berufungsentscheidungen eingebettet, der die Entscheidung zum Priesteramt von einer singulären, exponierten Sonderstellung befreit, die für Interessenten längst eher abschreckend als attraktiv wirkt. Erlebt ein Interessent am Priesteramt eine tragende Gemeinschaft von Gleichaltrigen, die seine Berufung fördern und bejahen, obwohl sie selbst andere Wege gehen werden, kann er zur Erkenntnis gelangen: Mit Menschen wie diesen kann ich später den Dienst tun, zu dem ich mich berufen fühle. Umgekehrt zeigt die Öffnung attraktiv gestalteter Orientierungsjahre (und Propädeutika) zum Beispiel auch für Interessierte an anderen kirchlichen Berufen, dass eine Diözese auch diese Gruppe im Blick hat und als künftige Träger pastoraler Arbeit wertschätzt. Es gibt keinen Grund, warum ein Propädeutikum allein für künftige Priester notwendig und wertvoll sein kann und nicht auch für künftige Pastoral- oder Gemeindereferenten. Eine offene strukturelle Gestaltung der Orientierungs- und Eingangssituation im und rund um das Priesterseminar wird gerade dadurch attraktiv, dass es als klassische „Win-win-Situation" einen geistlichen und praktischen Mehrwert für alle Beteiligten bietet.

Das besondere mit dem gemeinsamen Priestertum:
Das Priesterseminar als Vor-Ort späterer pastoraler Wirklichkeit

8.1 Gemeinsame Erfahrung als Basis gelingender Zusammenarbeit

Grundlage der strukturellen Konzeption von Priesterseminaren ist bis heute ein Gemeindebild, das vom Pfarrer als Leiter und einzigem hauptberuflichen Mitarbeiter in der Pastoral ausgeht. Die Rahmenbedingungen des Konzils und des Kirchenrechts geben dies für die Seminare in weiten Teilen vor und können nicht auf die Besonderheit im deutschsprachigen Raum eingehen, wo es häufig mehrere hauptberuflich tätige Laien in der Gemeindepastoral gibt. Neben der selbstverständlichen Integration der Laien in die verantwortliche Gemeindearbeit, wie sie z. B. im Schreiben der deutschen Bischöfe *Gemeinsam Kirche sein* thematisiert wird, stellt sich als weitere Aufgabe die Entwicklung von Konzepten für die Kooperation von Priestern und hauptberuflichen Mitarbeitern wie Gemeinde- oder Pastoralreferenten. Die gelingende Kooperation verschiedener Berufungen und Berufe im pastoralen Dienst ist in den letzten Jahren in vielfältiger Form diskutiert und – in den einzelnen Diözesen auf sehr unterschiedliche Art und Weise – zu einem zentralen Anliegen der pastoralen Konzeption geworden. An verschiedenen Stellen klingt in *Gemeinsam Kirche sein* die Sorge an, diese Kooperation könnte gerade in der Gemeindearbeit durch eine Rivalität zwischen besonderem und gemeinsamem Priestertum gefährdet sein. Das Dokument spielt auf entsprechende pauschale Vorurteile an: „Die" Priester etwa ziehen sich auf die mit dem besonderen Priestertum verbundenen Vollmachten zurück und leiten die Gemeinde selbstherrlich im Bewusstsein, etwas Besseres zu sein, „die" (hauptberuflich tätigen)

Laien nehmen dagegen das sakramentale Amt nicht ernst und versuchen aus Ärger darüber, dass sie keinen Zugang dazu haben, möglichst viele Vollzüge des Amtes an sich zu ziehen. In der Praxis werden derartige Rivalitäten selten so plump zum Ausdruck gebracht, wirken aber umso destruktiver, je subtiler sie gepflegt werden.

Wie kann diesen Rivalitäten entgegengewirkt werden? Theologische Belehrungen und lehramtliche Anweisungen werden am Ende kaum etwas ausrichten, egal in welche Richtung sie stoßen und wie affirmativ sie formuliert sind. Es geht in der konkreten Praxis der Gemeindeseelsorge vielmehr darum, wie sehr die einzelnen Mitglieder eines Pastoralteams sich in der Verschiedenheit ihrer Berufungen und Dienste wahrnehmen, schätzen und als gegenseitig ergänzen. Ob dies gelingt oder nicht hängt wesentlich von emotionalen Faktoren ab, von Vorerfahrungen jedes einzelnen Mitglieds eines Teams und von einer gemeinsamen geistlichen Grundprägung, die einer konkreten Teamsituation vorausgeht. Entscheidend sind nicht rein subjektive Faktoren wie Sympathie oder gemeinsames „Miteinander können". Ein Team, das ein gemeinsames geistliches Fundament hat, ist auf diese zufälligen Konstellationen nicht angewiesen und kann sein Wirken in einer professionellen Grundhaltung auch nicht darauf aufbauen. Es stellt sich vielmehr die Frage, wie ein gemeinsames geistliches Fundament eines Pastoralteams und darüber hinaus aller Amtsträger und Laien, die seelsorgerliche Verantwortung tragen, erlangt werden kann.

Das Priesterseminar ist der traditionelle Ort, wo diese gemeinsame geistliche Prägung erzielt werden soll – für Priester. Ein Pendant, wo sich dieser Prozess in gleicher Weise mit Studierenden und Auszubildenden vollzieht, die einen Laienberuf anstreben, fehlt in aller Regel. Dabei ist für die Gruppe der künftigen Priester und hauptamtlichen Laien der gemeinsame zurückgelegte Weg in der Persönlichkeitsentwicklung, Berufungsentscheidung und Ausprägung je eigener Berufs- und Dienstprofile eine wichtige Phase. Gemeinsame Erfahrungen in dieser Zeit sind durch spätere Fortbildungen jedweder Art nicht zu ersetzen. Grundlegend für den späteren Dienst sind dabei sakramentale Erfahrungen, vor allem die gemeinsame Feier der Eucharistie und die Erschließung ihres sakramentalen Gehalts für den späteren Dienst. Ohne diese grundlegende Gottes- und Gemeinschaftserfahrung ist eine Einsicht in die sakramentale Basis von Gemeinde und die sie tragenden Berufungen und Dienste nicht möglich. Dabei geht es wesentlich auch um die Erfahrung, dass der Versuch, unterschiedliche christliche Berufungen qualitativ im Sinne einer Besser- oder Minderstellung zu werten, kläglich ist und am Ende denjenigen abwertet, der sich für den „Berufeneren" hält. Es ist ein wesentliches Merkmal gemeinschaftlicher Erfahrung *als sakramentaler Erfahrung*, dass Gott durch die Kirche zu unterschiedlichen Diensten und Ämtern beruft, die gerade in ihrer Verschiedenheit zusammen auf Jesus Christus und seine Heilsbotschaft verweisen.

Die Zeit der Berufungsklärung, des Studiums und der pastoralpraktischen Ausbildung ist damit eine entscheidende Phase, in der die Grundlagen für eine gelingende Zusammenarbeit in der pastoralen Arbeit gelegt werden.[1] Persönliche Beziehungen und Freundschaften, die in dieser Zeit entstehen, halten und wirken weit über die gemeinsam zurückgelegte Wegstrecke hinaus. Sie können dabei die je individuelle und subjektive Dimension übersteigen und dazu beitragen, dass eine spätere Zusammenarbeit unterschiedlicher Berufsgruppen auf einem Erfahrungshintergrund aufbaut, der unterschiedliche Berufungen anerkennt und schätzt. Dieser Überstieg gelingt, wenn gemeinschaftliche Erfahrung als sakramentale Erfahrung gedeutet werden kann.

Nimmt man das Priesterseminar in seiner Ermöglichungsfunktion ernst, ergibt sich hier eine wichtige Aufgabe: Es ermöglicht gelingende pastorale Arbeit unterschiedlicher Ämter und Dienste, indem es Studierende und Auszubildende, die sich auf diesen Dienst vorbereiten, in einer Zeit entscheidender Prägung gemeinschaftliche Erfahrungen ermöglicht, die auf den sakramentalen

---

1 Vgl. dazu Bentz, Communio als Leitmetapher pastoraler Ausbildung.

Grundvollzug von Kirche hindeuten. Dazu gehört wesentlich die Feier der Eucharistie, genauso aber auch die Erfahrung unterschiedlicher Berufungen und deren je einzigartiger Wert und einzigartige Würde.

8.2 Vorbereitung auf die „pontifikale" Dimension des priesterlichen Dienstes

Der Priester ist im Dienst von Gemeinde und Kirche Brückenbauer, „Pontifex". Er leistet einen zentralen Dienst an der Einheit der Gemeinde und an der Einheit der Gemeinde mit der Kirche. Er tut dies unter Einsatz seiner unabdingbar notwendigen fachlichen und persönlichen Qualifikationen, aber nicht *aufgrund* dieser, sondern aufgrund des in der Priesterweihe verliehenen Auftrags. Gleichwohl zählt zu den notwendigen Voraussetzungen des priesterlichen Dienstes, dass er die Fähigkeiten und die Bereitschaft dazu hat, als Einheit schaffender Brückenbauer zu wirken. Sieht es die Priesterausbildung als Teil ihres Auftrages, gelingende Gemeindepastoral zu ermöglichen und das Seminar als den entsprechenden Ort dafür, erfüllt sie damit nicht etwa eine zusätzliche, neue Aufgabe, sondern einen zentralen Teil ihres Auftrages. Ein Priester kann seinen Dienst gerade in seiner sakramentalen Dimension als Einheitsdienst nur dann erfassen und erfüllen, wenn er nicht nur um die Existenz und Verschiedenheit der Berufungen in seinem Wirkungsfeld weiß, sondern diese auch emotional bejaht und als Bereicherung (für sich selbst und seinen eigenen Dienst) zu verstehen lernt. Sein priesterlicher Dienst wird nur dann als sakramentaler Dienst erfahren und anerkannt werden können, wenn seine Mitarbeiterinnen und Mitarbeiter sowie die ganze Gemeinde diese Dimension wahrnehmen. Es ist also gerade um der Bewahrung des sakramentalen Verständnisses des priesterlichen Dienstes willen zu einer Voraussetzung für die Priesterausbildung geworden, gemeinsame prägende Wegstrecken der Priesteramtskandidaten mit

Frauen und Männern zu ermöglichen, die zu anderen Diensten und Aufgaben in der Kirche berufen sind.

8.3 Eine neue Basis für Mindestgrößen von Seminargemeinschaften

Auf diesem Hintergrund ist auch die Diskussion um die Mindestgrößen von Gemeinschaften in Priesterseminaren neu zu bewerten.[2] Wird dabei nur die Gruppe der Priesteramtskandidaten als Referenzgröße herangezogen, bleibt das komplette Umfeld, in dem sich die Priesterausbildung vollzieht, unbeachtet. Es wird davon ausgegangen, dass die Läuterung und Reifung einer Berufung zum priesterlichen Dienst nur in einer Gemeinschaft von Priesteramtskandidaten geschehen kann. Tatsächlich verhält es sich genau anders herum: Wird die Gemeinschaft der Priesteramtskandidaten schon während der Ausbildung nur als gesonderte Größe betrachtet, fällt eine wesentliche Voraussetzung für ihren späteren Dienst weg, nämlich die erfahrene und erlernte Verortung der eigenen Berufung in der Vielfalt der Berufungen, die später selbstverständlicher Teil des Alltags sind.

Eine Lern- und Glaubensgemeinschaft *kann* deshalb nicht nur, sie *sollte* sogar über den Kreis der Priesteramtskandidaten hinaus aus anderen Studierenden und Auszubildenden bestehen, die einen Beruf in der Kirche anstreben und auch aus solchen, die ein anderes Berufsziel haben. Als Lerngemeinschaft konstituieren sich diese Gruppen dadurch, dass sie Menschen umfassen, die für eine bestimmte Zeit ihres Lebens ähnliche Herausforderungen und Ziele haben: Berufsorientierung, Studienabschlüsse, Berufungsentscheidungen, Reifung und Läuterung des eigenen Glaubens.

Noch einmal ist an dieser Stelle der Hinweis wichtig, dass es nicht um eine Instrumentalisierung anderer Studierender geht,

---

2 Vgl. Kap. 1.1.4.

die („notgedrungen") in das Seminargeschehen integriert werden, um so Mindestgrößen von Lern- oder Seminargemeinschaften zu erreichen. Vielmehr profitieren diese in gleicher Weise von den Lerngemeinschaften wie die Priesteramtskandidaten – und müssen sich in gleicher Weise von der Vielfalt der Berufungen herausfordern und prägen lassen.

Es gibt keinen geeigneteren Ort für dieses Geschehen als ein Priesterseminar. Es hat bereits in seinem Namen („Pflanzstätte") und damit in seiner ursprünglichen Konzeption die Bestimmung, Ort des Wachstums und des Reifens von Berufungen zu sein. Zur Zeit der Entstehung der Seminare und lange Zeit danach bezog sich dies allein auf die priesterliche Berufung. Die Konzeption des Seminars als geistlicher Ort des Wachsens und Reifens einer Berufung für einen Dienst in der Kirche kann aber ebenso fruchtbar für andere kirchliche Dienste sein, diese in ihrer je eigenen geistlichen Bedeutung anerkennen – und gerade dadurch die Grundlage für die Vermittlung eines „pontifikalen" Priesterbildes sein.

Dies bedeutet nicht, dass mit einem Male alle Theologiestudierenden zu Seminaristen werden. Nach dem oben bereits ausgeführten „Prinzip der konzentrischen Kreise" kann die Konzeption eines Seminar so gestaltet sein, dass andere Studierende mit dem (potenziellen) Ziel eines Berufs in der Kirche an bestimmten Vollzügen und Ausbildungselementen des Seminaralltags selbstverständlich teilnehmen. In der Phase der pastoralpraktischen Ausbildung nach dem Studium können einzelne Ausbildungselemente für alle pastoralen Berufsgruppen gemeinsam durchgeführt werden. Bei der Umsetzung solcher Konzeptionen muss deutlich werden, dass diese erweiterte Zielgruppe des Seminars nicht bloß geduldeter Gast, sondern wesentlicher Teil der Seminarkonzeption ist.

Eine derartige Öffnung der Seminare mag zunächst ungewohnt klingen. Geht eine derartige Weiterentwicklung am Ende nicht doch auf Kosten der Priesteramtskandidaten? Tatsächlich ist das Gegenteil der Fall: Wird das Seminar so konzipiert, dass auch Männer und Frauen mit dem Hintergrund anderer Berufungen und Berufsziele selbstverständlicher Teil des Alltags sind, werden Priesteramtskandidaten vom latenten Vorwurf entlastet, sie bewegten sich in einer geschlossenen, womöglich fragwürdigen Sonderwelt. Das Seminar wird vom Verdacht entlastet, Rückzugsort für Männer zu sein, die Kontakt zu Frauen scheuen, der Frage nach der eigenen sexuellen Identität entgehen möchten und schon als Seminaristen „etwas Besseres" sein möchten. Eine offene Gestaltung des Seminars macht es auf eine selbstverständliche Weise „normal", ohne den besonderen Auftrag, den es hat, aufzugeben. Allein durch eine derartige Konzeption wird ein Priesterbild vermittelt, das auch für Außenstehende anschlussfähiger – und für Interessenten attraktiver sei kann.

8.4 Vorschläge zur Seminarkonzeption

1. Ein gemeinsamer Weg

Auf welche Weise ein Seminar zu einem Ort der Berufungen für verschiedene pastorale Dienste werden kann, hängt erstens davon ab, welche dieser Dienste in einer Diözese verortet sind, und zweitens, welche Studien- und Ausbildungssituationen im Umfeld des Seminars angesiedelt sind. Häufig befinden sich am Ort des Seminars Katholisch-Theologische Fakultäten, an denen weitaus mehr Studierende eingeschrieben sind als die Priesteramtskandidaten. Ein Teil davon wird mit dem Ziel Theologie studieren, einen Beruf in der Kirche zu ergreifen. Nicht selten befinden sich am selben Ort Hochschulen oder Fachakademien, an denen Religionspädagogik bzw. Praktische Theologie studiert werden kann mit dem Ziel, anschließend im kirchlichen Dienst zu arbeiten. Selbst wenn das theologische oder religionspädagogische Studium an einem anderen Ort stattfindet, finden pastoralpraktische Aus- und Fortbildungen häufig am Bistumssitz und damit am Standort des Priesterseminars statt. Studieren Seminaristen eines Bistums an einem überdiözesanen Seminar, sind an diesen Orten strukturelle Verknüpfungen von Wegen zu unterschiedlichen Berufungen und Berufen in der Kirche möglich. Aufgrund der sehr unterschiedlichen Ausgangssituationen sind an dieser Stelle nur allgemeine und grundsätzliche Vorschläge für die Seminarkonzeption möglich. Grundlegend ist dabei ein Selbstverständnis des Seminars, das seine erste Bestimmung als Ausbildungsstätte für künftige Priester ernst nimmt, gleichzeitig aber seine strukturellen und geistlichen Ressourcen z. B. für andere Studierende oder Auszubildende öffnet, ohne deren Berufung oder Berufsziel als nachrangig einzuordnen oder abzuwerten. Es geht um einen gemeinsamen Weg im geistlichen Wachsen und Reifen der unterschiedlichen Berufungen sowie in den Herausforderungen des Studiums und der Ausbildung.

2. Das Seminar als geistliches Zentrum unterschiedlicher Berufungswege
Das Gebets- und Gottesdienstleben ist ein wesentlicher Bestandteil der Konzeption jedes Priesterseminars, das ein geistliches Zentrum ist und in aller Regel mit großer Selbstverständlichkeit auch als solches wahrgenommen wird. Im gemeinsamen Feiern der Eucharistie werden die Unterschiede der Berufungswege und Berufsziele relativiert zugunsten der Ausrichtung aller Mitfeiernden auf Jesus Christus hin. Das Stundengebet in der geprägten oder einer freier gestalteten Form kann zu einem offenen Angebot werden und damit auch für andere Studierende und Auszubildende ein regelmäßiger oder gelegentlicher Bestandteil des Alltags sein. Als Leiter der Tagzeitenliturgie sowie von Andachten und anderen freieren Gottesdienstformen im Seminar können nicht nur Seminaristen oder die Seminarleitung fungieren, sondern in gleicher Weise andere Ausbildungsleitungen und Studierende oder Auszubildende. In der Funktion als geistliches Zentrum aller, die sich auf einen Beruf in der Kirche vorbereiten, liegt eine große integrative Kraft des Priesterseminars. Als Ort des Gottesdienstes und Gebets verweist es auf die gemeinsame Ausrichtung auf Jesus Christus.

Eine zentrale Stellung im gemeinsamen gottesdienstlichen Feiern nehmen die Diakonen- und Priesterweihen sowie die Beauftragungsfeiern zu kirchlichen Diensten ein. Sie sind keine berufsgruppenspezifischen Interna, sondern Feiern aller, die mit unterschiedlichen Berufungen und Berufszielen gemeinsam auf dem Weg sind.

3. Gemeinsames Essen und Wohnen

Die Form und die Art und Weise, in der eine Gemeinschaft Mahlzeiten zu sich nimmt, erlaubt in hohem Maße Rückschlüsse auf deren Zustand und Selbstverständnis. Wer ein Priesterseminar in kurzer Zeit gut kennenlernen will, lässt sich zu einem ganz normalen Mittagessen im Wochenablauf einladen. Die Bandbreite dessen, was ihn erwarten kann, ist groß: Von der verunsicherten, mürrischen und introvertierten Gruppe, die sich in immer gleichen Tischgruppen versammelt, um in verschwörerisch anmutenden halblauten Gesprächen den immer gleichen Klatsch zu besprechen, bis hin zu einer offenen, gastfreundlichen Gemeinschaft, die das gemeinsame Essen als ein wichtiges und schönes Element des Tagesablaufes erlebt. Die Vorgaben für die gemeinsamen Mahlzeiten und deren konsequente Einforderung sind kein nebensächliches Element des Seminaralltags. Sie spiegeln vielmehr den Anspruch eines Seminars wieder und setzen grundlegende Selbstverständlichkeiten im Umgang miteinander. Es mag platt klingen, entspricht aber in nicht wenigen deutschsprachigen Seminaren noch immer der Realität, dass einer mehr oder weniger immer gleichen Männerrunde die äußere Form des gemeinsamen Essens nicht allzu wichtig ist. Es bedarf einer nicht geringen Anstrengung, in einem derartigen Umfeld ein Bewusstsein dafür zu schaffen, dass verpflichtende und pünktliche Teilnahme, ein gemeinsamer Beginn und Abschluss mit einem kurzen Gebet, Tischmanieren und eine entgegenkommende Grundhaltung gegenüber Gästen Selbstverständlichkeiten eines Priesterseminars sein müssen. Die regelmäßige Anwesenheit von Gästen wie z. B. anderer Studierender oder Auszubildender schafft einen Rahmen, in dem sich dieser Anspruch leichter verwirklichen lässt. Gleichzeitig wird dieser Gruppe der (regelmäßigen) Gäste die Möglichkeit eröffnet, an einem zentralen gemeinschaftsbildenden Element des Studien- und Ausbildungsalltags teilzuhaben.

Die Möglichkeit, als Gaststudent im Seminar zu wohnen, wird zu einem immer wichtigen Bestandteil der Seminarkonzeption. Wieder ist an dieser Stelle der Hinweis wichtig, dass es sich bei der Einrichtung dieses Gästebetriebs nicht um eine Notlösung handeln darf, etwa um leere Zimmer wirtschaftlich rentabel zu füllen, sondern um eine sinnvolle und zeitgemäße Weiterentwicklung des Seminarprogramms. Zum einen wird es so möglich, dass Studenten, die zwar ein anderes Berufsziel als Priesteramt haben, aber im geistlichen Kontext des Seminars wohnen möchten, den Seminaralltag mit ihren unterschiedlichen Berufungsgeschichten und Lebenserfahrungen bereichern. Zum anderen kann ein Theologiestudent, der während der Studienphase einen Eintritt ins Seminar erwägt, in großer Nähe zum Seminaralltag leben, an vielen Elementen des geistlichen Lebens teilnehmen und sich so orientieren und entscheiden. Für diese letztgenannte Zielgruppe eines Gästekonzeptes gilt das oben bereits ausgeführte Prinzip der konzentrischen Kreise: Sie wählen selbst die Nähe zum Seminarbetrieb, die ihrer eigenen Berufungsklärung am besten nützt. Die Verankerung einer regelmäßigen geistlichen Begleitung (etwa durch den Spiritual) gerade in diesem äußeren Ring der konzentrischen Kreise gibt Berufungsklärungen einen festen Rahmen. Voraussetzung für eine solche Struktur ist die geistliche Grundhaltung, dass es zuerst und vor allem um gelingende Berufungsklärungen geht, ganz egal, zu welcher Berufung und welchem Beruf diese führen mögen.

4. Gemeinsam Ziele verfolgen und Herausforderungen bewältigen
Jeder Priester wird irgendwann in einer Gemeinde vor Herausforderungen stehen, die er nicht selbst bewältigen muss oder kann, sondern zusammen mit Mitarbeiterinnen und Mitarbeitern in anderen pastoralen Berufen sowie mit anderen Gemeindemitgliedern. Voraussetzung für eine erfolgreiche Bewältigung solcher Situationen ist das Vertrauen darauf, dass vielen Herausforderungen in der Gemeindearbeit gerade durch das Zusammenwirken unterschiedlicher kirchlicher Berufe, von Priestern und hauptberuflich sowie ehrenamtlich wirkenden Laien, begegnet werden kann. Dieses Vertrauen kann weder theoretisch erlernt noch durch Appelle oder Dienstanweisungen erwirkt werden. Es entsteht allein durch Erfahrung. Alle kirchlichen Berufsträger (und die, die es werden wollen) brauchen die Erfahrung, dass sich das Wirken des besonderen und des gemeinsamen Priestertums nicht rivalisierend gegenüberstehen, sondern gegenseitig ergänzen und bereichern. Grundgelegt wird diese Erfahrung schon lange vor einer konkreten Gemeindesituation in den Strukturen der Ausbildung: Lerngruppen von Studierenden mit unterschiedlichen Berufszielen und gruppendynamische Prozesse, die sich an gemeinsamen Zielen orientieren und nicht an unterschiedlichen Berufungen und Berufszielen. Derartige Gemeinschaftselemente können natürlich nicht nur in Priesterseminaren entstehen, sondern auch an anderen Orten wie Fakultäten, Mentoraten oder Hochschulgemeinden. Es liegt aber im Interesse von Seminaren, dass es solche Ort gibt, und sie sollten entsprechend handeln, wenn sie selbst die besten Voraussetzungen dafür schaffen können.

5. ... und dennoch die Verschiedenheiten nicht kleinreden
So sehr in diesen Vorschlägen das Wort „gemeinsam" dominiert, so wenig nimmt es den unterschiedlichen Berufungen und den Frauen und Männern, die diesen folgen und vertrauen, ihre Eigenständigkeit und Verschiedenheit. Es wird im Gegenteil oft genug der Fall sein, dass im vielen Gemeinsamen das Unterschei-

dende deutlicher zum Ausdruck kommt und erlebt wird als in getrennten Lebens- und Ausbildungskontexten. Ein Priesterseminar, das in der beschriebenen Weise offen konzipiert ist, taugt nicht für die romantisierende Vorstellung einer idealen christlichen Gemeinschaft, in der alle ein Herz und eine Seele sind. Unterschiedliche Priester- und Kirchenbilder werden womöglich profilierter in den Alltag eingetragen als in einem herkömmlich konzipierten Seminar. Viel mehr als in späteren Gemeindekontexten besteht in der Ausbildungsphase allerdings die Möglichkeit, diese Verschiedenheiten konstruktiv und ohne Ideologisierungen zu thematisieren und einzuordnen. Will der Priester später tatsächlich Brückenbauer sein, muss er die Fundamente dafür schon der Seminarzeit legen.

8.5 Ertrag: Das Priesterseminar als Haus der kirchlichen Berufe

Eine Konsequenz der Öffnung vieler Vollzüge des Priesterseminars für andere (Theologie-)Studierende und Auszubildende ist eine enge Vernetzung des Seminars mit Ausbildungseinrichtungen, die auf andere pastorale Berufe vorbereiten. Priesterausbildung wird ihrer Aufgabe gerade dann gerecht, wenn sie ihr Ausbildungskonzept am späteren Berufsalltag der Priester ausrichtet, der in vielfältiger Weise die Bereitschaft und den Wunsch voraussetzt, mit anderen pastoralen Diensten und Laien in den Gemeinden zusammenzuarbeiten. Das Priesterseminar vereinnahmt dadurch nicht andere Studierende und will erst recht nicht die Deutungshoheit über Ausbildungsgänge anderer pastoraler Berufe erlangen. Es kommt vielmehr seiner zentralen Aufgabe nach, zu ermöglichen, was auf andere Weise nicht oder nur bedingt geschehen kann. Nimmt man diese Ermöglichungsfunktion ernst, die das Trienter Seminardekret der Institution Priesterseminar zugeschrieben hat, gehört die Schaffung von Voraussetzungen für eine gelingende spätere Pastoral notwendig dazu. Das Priesterseminar wird so zu einem Haus der kirchlichen Berufe, zu einem

Studien- und Ausbildungszentrum, in dem auch andere Studierende mit dem Ziel eines kirchlichen Berufs ihren Ort haben und willkommen sind.

9
Vernetzung und Flexibilisierung:
Einige Konsequenzen einer offenen Seminarkonzeption

9.1 Vernetzung der pastoralen Ausbildungen untereinander und mit der Berufungspastoral

Die hier vorgestellten Konzepte sehen in vielfältiger Form eine enge Verbindung der Berufungsklärung und Ausbildung von Priesteramtskandidaten mit den entsprechenden Wegen von anderen Frauen und Männern vor, die sich auf einen kirchlichen Beruf, vor allem als Pastoral- oder Gemeindereferenten, vorbereiten. Eine enge Vernetzung der entsprechenden Ausbildungsleitungen mit der Leitung des Priesterseminars ist eine unmittelbare Konsequenz.[1] Sie ist unabdingbar, weil von Priesteramtskandidaten und anderen Studierenden und Auszubildenden nur gefordert werden kann, was die verantwortlichen Leitungen selbst vollziehen. Gelingt in diesem Ausbildungskontext ein konstruktives Miteinander verschiedener kirchlicher Berufungen, kann diese Erfahrung eine gute Grundlage für die spätere Gemeindearbeit sein. Eine selbstverständliche Kooperation der Ausbildungsleitungen ist auch deshalb notwendig, weil sich Entscheidungsprozesse über die eigene Berufung und den künftigen Beruf bis weit in die Studien- und Ausbildungsphase ausdehnen können. Ein Wechsel von einer Ausbildungseinrichtung in die andere (beispielsweise vom Bewerberkreis des Theologischen Mentorats in das Seminar oder umgekehrt) muss ohne Probleme möglich sein.

Teil der Kooperation ist eine genaue inhaltliche Abstimmung über die Vermittlung von Ausbildungselementen. Bei allen Unterschieden zwischen den einzelnen Berufsbildern und den ihnen zugrundliegenden kirchlichen Berufungen müssen Studierende und

---

1 Vgl. Bentz, Communio als Leitmetapher pastoraler Ausbildung, S. 216f.

Auszubildende ein einheitliches Ausbildungskonzept erkennen können, das die verschiedenen Berufsgruppen verfolgen und das auf die spätere Gemeindearbeit vorbereitet. Idealerweise wird die enge Zusammenarbeit der Ausbildungsleitungen sichtbar in einem gemeinsamen Ort, an dem sich diese schwerpunktmäßig vollzieht. In einigen Diözesen hat sich das Priesterseminar bereits als ein solcher Ort etabliert.[2] Die institutionelle Berufungspastoral einer Diözese benötigt in ähnlicher Weise eine intensive Vernetzung mit den Ausbildungsabteilungen. Die Arbeit der „Diözesanstellen Berufe der Kirche" ist ohne eine strukturelle Verknüpfung mit den Bereichen, in denen Interessenten an kirchlichen Berufen anderen Studierenden und Auszubildenden in deren Alltag begegnen können, kaum mehr möglich.

9.2 Zur Frage der Mindestdauer des Seminaraufenthaltes

Wird ein Seminar nach dem Prinzip der konzentrischen Kreise konzipiert, stellt sich die Frage nach der „Berechnung" der notwendigen Mindestdauer eines Seminaraufenthaltes neu. Das Kirchenrecht sieht hier eine Verweildauer von mindestens vier Jahren vor.[3] Ein eng mit dem Seminar verbundenes Orientierungsjahr oder ein Gastaufenthalt können Studenten derart in das Seminarprogramm integrieren, dass diese Zeiträume bereits in die Intention dessen fallen, was mit der Vorgabe von Mindestzeiten beabsichtigt ist. Es geht bei der Festsetzung einer Mindestaufenthaltsdauer nicht um eine starre Zeitspanne als Selbstzweck, sondern darum, dass Seminarleitungen und Seminaristen genügend Zeit haben für die notwendige Ausbildung, für Berufungsklärungen und für die endgültige Entscheidung, dass der Weg zum Priesteramt weiter gegangen werden kann. Werden diese Elemente ge-

---

2 Z. B. Mainz oder Rottenburg.
3 Vgl. Kap. 2.3.

währleistet, sind Quereinstiege in das Priesterseminar beispielsweise während eines schon fortgeschrittenen Theologiestudiums
problemlos möglich. Umso mehr gilt dies, wenn dem Querein-
stieg etwa ein Gastaufenthalt im Seminar vorausging, der mit
der Teilnahme des Interessenten an Teilen des Seminarprogram-
mes verbunden war.

Im Dekret *Optatam totius* hat das Zweite Vatikanische Konzil
der Seminarkonzeption bemerkenswerte Freiheiten eingeräumt.[4]
Ebenso wie im Trienter Seminardekret wird gar keine Mindestdauer des Seminaraufenthaltes festgelegt. Die Wiederaufnahme
der vierjährigen Frist des CIC/1917 findet sich erst im CIC/1983
wieder. Es wurde bereits darauf verwiesen, dass an dieser Stelle im
lateinischen Originaltext von „iuvenes" die Rede ist. Gemeint sind
männliche Jugendliche.[5] Der CIC geht selbstverständlich von einem Eintritt von Männern ins Große Seminar mit einem Lebensalter von 17 oder 18 Jahren aus, direkt von der Schule, häufig vom
Kleinen Seminar her kommend. Eintritte von älteren Männern
oder unterschiedliche Entscheidungs- und Berufungswege waren
nicht im Blick. Heute sind unterschiedliche Berufungsbiografien
die Regel und erfordern individuelle Lösungen und Entscheidungen. Je nach biografischer Voraussetzung kann es sogar sinnvoll
sein, dass ein Kandidat eine Zeit seines Ausbildungsweges gar
nicht im Priesterseminar wohnt, sondern z. B. in einer Wohn-
gemeinschaft, die eng mit dem Seminar verbunden ist. Solche Lösungen sind kirchenrechtlich möglich, da es keine ausdrückliche
Residenzpflicht gibt. Sie können für ältere Seminaristen, die bereits berufstätig waren und längere Zeit in einer eigenen Wohnung gewohnt haben, sinnvoll sein – auch, weil sie im Seminar
selbst bezüglich des Lebensalters homogenere Wohngruppen ermöglichen.

---

4 Ebd.
5 Vgl. auch ähnliche Ausdrücke desselben Wortstammes wie z. B.: iuventus bzw. iu-
venta „Jugendzeit, Jugend". Junge Männer im etwas fortgeschrittenen Alter werden als
„iuniores" bezeichnet.

9.3 Zur Integration von Spätberufenen in das Priesterseminar

Damit ist die Gruppe der „Spätberufenen" bereits angesprochen.
Bisher war an vielen Stellen die Rede von jungen Männern, die
längere und gestaltete Orientierungsphasen benötigen, um die
Entscheidung zu einem Seminareintritt fällen zu können. Das
Konzept der konzentrischen Kreise soll die Situation dieser
Gruppe aufgreifen und entsprechende Lösungen bieten. Mit den
„Spätberufenen" gibt es darüber hinaus einen weiteren Teil der
Seminaristen, der von den Möglichkeiten der offenen Konzeption
eines Priesterseminars profitiert.

Traditionell werden unter dem Begriff „Späteberufene" die Seminaristen verstanden, die vor dem Eintritt in das Priesterseminar
ein anderes Studium absolviert oder einen anderen Beruf aus-
geübt haben. Nach dieser Klassifizierung wäre heute ein großer
Anteil der Priesteramtskandidaten „spätberufen". Für die Gruppe
der ehemals Berufstätigen ohne Abitur, aber mit abgeschlossener
Berufsausbildung, ist das Seminar Sankt Lambert in Lantershofen
eine bewährte Alternative zum Hochschulstudium. Im Laufe der
letzten Jahre ist jedoch auch der Anteil der älteren Priesteramtskandidaten, die ein reguläres Hochschulstudium absolvieren und
währenddessen in einem Seminar wohnen, deutlich angestiegen.[6]
Eine offene Seminarkonzeption ermöglicht es dieser Gruppe, einerseits selbstverständlich Teil der Seminargemeinschaft zu sein,
sich andererseits auch aber in der jeweiligen biografischen Situation ernst genommen zu wissen. Am wichtigsten wird hierbei
die flexible Gestaltung der Wohnsituation sein (im Seminar oder
außerhalb in kleinen Wohngemeinschaften). Es wird sich außerdem bei der Gestaltung der Eingangssituation von Spätberufenen
die Frage stellen, welche Teile des Propädeutikums sinnvoll sind
und bei welchen Elementen die Teilnahme von deutlich älteren
Kandidaten eher kontraproduktiv für die deutlich jüngere Gesamtgruppe wäre. Gerade für die Gruppe der älteren Kandidaten

---

6 Vgl. Kap. 1.1.3.

sind Wege zu suchen, die sie, einmal als Priesteramtskandidaten aufgenommen, nicht in den permanenten Status des Sonderfalles versetzen, der nicht richtig ins System passen will. Es ist weder dieser Gruppe noch den anderen Priesteramtskandidaten damit gedient, wenn sie das identische Seminarprogramm absolvieren müssen wie 20-jährige Seminaristen. In einem Seminarsystem, das in hohem Maße auf die Biografien jedes einzelnen Kandidaten eingeht und diese ernst nimmt, ist die differenzierte Gestaltung von Ausbildungsprogrammen möglich. Voraussetzung ist, dass so entstehende Unterschiede transparent gemacht und erklärt werden, damit nicht der Eindruck einer ungerechtfertigten Ungleichbehandlung entsteht.

10
Wer wir sind und für wen wir sind:
Das Priesterseminar als Ort priesterlicher
Identitätsbildung

Das nachsynodale Schreiben *Pastores dabo vobis* hat darauf verwiesen, dass das nachkonziliare Priesterseminar wesentlich ein Ort priesterlicher Identitätsbildung ist.[1] Es muss deshalb einen Rahmen bieten, in dem Seminaristen in einer geistlichen Gemeinschaft ein tragfähiges Priesterbild erfahren und entwickeln können. Es muss Orte in der Seminarausbildung geben, an denen es nur und ausschließlich um das Priestersein geht, an dem Priester und solche, die es werden wollen, unter sich sind und sich den Besonderheiten der priesterlichen Berufung stellen.

Einem Seminar, dass in seiner Konzeption auch andere Berufungen positiv integriert und in ihrer jeweiligen Besonderheit anerkennt, fällt es leicht, diese speziell priesterlichen Orte nach innen und nach außen zu legitimieren. Indem andere Berufungen in ihrer je eigenen Identität und Bedeutung anerkannt werden, wird die Grundlage dafür geschaffen, dass den Priestern selbst auch eine eigenständige und in diesem Sinne besondere Identität zugestanden wird. Priesterliche Identität bildet sich ja nicht nur in der Interaktion unter (künftigen) Priestern im Kontext bestimmter kirchlicher Vorgaben und Rahmenbedingungen, sondern wesentlich auch durch die Anerkennung der Gemeinden, dass das besondere Priestertum und das damit verbundene sakramentale Amt in der Kirche notwendig ist. Entwickelt sich priesterliche Identitätsbildung davon losgelöst oder gar gegen die Identität anderer Berufungen im Volk Gottes, entsteht eher eine amtstheologisch verbrämte Wagenburgmentalität als eine „pontifikale" priesterliche Identität.

---

1 Vgl. Kap. 4.2.

171

Priesterliche Identität kann sich deshalb gerade in einem offenen, nach dem Prinzip der konzentrischen Kreise gestalteten Seminar auf fruchtbare Weise entwickeln. In dieser Konzeption geraten eigenständige Ausbildungselemente für Priesteramtskandidaten, wie bestimmte Gottesdienste, Exerzitien oder speziell auf den priesterlichen Dienst gerichtete Ausbildungseinheiten, kaum mehr in den Verdacht, andere Berufungen zugunsten der eigenen abwerten zu wollen. Sie sind vielmehr Ausdruck eines besonderen Weges hin zu einer bestimmten kirchlichen Berufung. Gerade weil mit einem eigenständigen Weg der Ausbildung und Identitätsbildung *nicht* der Eindruck vermittelt wird, hier gehe es darum, eine bestimmte Gruppe zu „etwas Besserem" zu machen als andere, wird dieser besondere Weg möglich – und im Idealfall vom Umfeld des Seminars bejahend und aktiv mitgetragen. Seine positive Dynamik gewinnt dieser Weg dadurch, dass priesterliche Identität sich nicht über Abgrenzungen ausbildet, sondern über den besonderen Dienst und Auftrag im Zusammenspiel und in der Auseinandersetzung mit anderen Berufungen in der Kirche.

Ein zentrales Element in dieser Identitätsbildung ist die Feier der Eucharistie. Priesterliche Identität bildet sich nicht allein durch die Feier der Eucharistie, aber nie ohne sie. In der gemeinsamen Erfahrung des Sakramentes wird die Grundlage dafür gelegt, die sakramentale Dimension des priesterlichen Dienstes zu erfassen und zu verstehen. Auch deswegen muss ein Seminar immer ein eucharistischer Ort sein. Diese intensivste Begegnung mit Jesus Christus muss der Ausgangspunkt jeder priesterlichen Identitätsbildung werden.

Wie ein Seminar darüber hinaus priesterliche Identität vermittelt, hängt nur in zweiter Linie von amtstheologischen Lehreinheiten ab. Entscheidend sind die Erfahrungen, die ein Priesteramtskandidat in seiner Seminarzeit mit Priestern macht, die ihm dort (oder in anderen Kontexten) begegnen. Priesterliche Identität entwickelt sich in der permanenten Auseinandersetzung, in der Bejahung oder Ablehnung von priesterlichen Lebensentwürfen, mit denen der Seminarist konfrontiert wird. Aufgabe des Seminars ist es, diese Erfahrungen zu ermöglichen, etwa in der Begegnung mit den Priestern der Seminarleitung selbst, mit Vertretern des Klerus einer Diözese und schließlich in einem regelmäßigen und selbstverständlichen Kontakt mit dem Bischof. Das Seminar wird so zu einem Ort der Vergewisserung priesterlicher Identität – weit über die Priesterweihe hinaus.

Von großer Bedeutung für die priesterliche Identitätsbildung ist der gemeinsame Weg mit anderen Seminaristen. Diese Gruppe umfasst vor allem, aber nicht nur, die Seminaristen des eigenen Seminars und der eigenen Diözese. Kontakte über das eigene Seminar hinaus, wie sie beispielsweise in gemeinsamen Propädeutika oder Ausbildungsphasen entstehen, im Auswärtsjahr des Studiums oder bei Seminaristentagen, sind wertvolle und notwendige Ergänzungen zum eigenen Seminaralltag. Es ist deswegen auch aus dieser Perspektive schwer, Mindestzahlen von Priesteramtskandidaten für ein Seminar festzulegen. Vieles hängt davon ab, in welche konkrete Studien- und Ausbildungssituation die Seminaristen im eigenen Haus eingebunden sind und wie vielfältig sich Kontakte zu anderen Seminaristen gestalten lassen. Und auch an dieser Stelle ist der Hinweis wichtig, dass sich priesterliche Identitätsbildung nicht nur in der Gemeinschaft von Priesteramtskandidaten vollziehen kann und soll, sondern auch zusammen mit anderen Studierenden und Auszubildenden sowie dem gesamten Umfeld des Seminars.

Priesterliche Identitätsbildung darf schließlich nicht bei der Frage stehen bleiben, „wer wir sind", sondern muss gleichzeitig fragen, „für wen wir sind". Nur in dieser Perspektive erschließt sich die Tiefe und die sakramentale Dimension des priesterlichen Dienstes. Das letzte Versprechen bei der Priesterweihe stellt die Hinordnung des priesterlichen Dienstes auf den Dienst an Gott und den Menschen in den Mittelpunkt: „Seid ihr bereit, euch Christus, dem Herrn, von Tag zu Tag enger zu verbinden und so zum Heil der Menschen für Gott zu leben?" Dieses Versprechen, in das die Vorbereitung und Ausbildung eines Seminars mündet, ist eine Leitlinie für die Seminarkonzeption: Zum einen ist das Seminar ein Ort, an dem „der von Gott zum Priestertum Berufene durch das Weihesakrament zu einem lebendigen Bild Christi werden kann"[2], zum anderen und davon ausgehend weitet es den Blick über die eigenen Mauern hinaus auf die konkrete Lebenssituation der Menschen hin, die den Priestern später anvertraut sind.

---

2 *Pastores dabo vobis* Nr. 42, S. 85.

11
Hirten mit dem Geruch der Schafe:
Das Priesterseminar als diözesaner Kontaktpunkt
zur pastoralen und gesellschaftlichen Wirklichkeit

„... dass sie in dieser Welt unter den Menschen leben, wie gute Hirten ihre Schafe kennen."[1] Papst Franziskus konkretisiert diese im Zweiten Vatikanischen Konzil formulierte Anforderung an die Priester:

„Der Priester, der wenig aus sich herausgeht [...], kommt um das Beste unseres Volkes, um das, was das Innerste seines Priesterherzens zu aktivieren vermag. Wer nicht aus sich herausgeht, wird, statt Mittler zu sein, allmählich ein Zwischenhändler, ein Verwalter. Wir kennen alle den Unterschied: Der Zwischenhändler und der Verwalter „haben bereits ihren Lohn", und da sie ihre eigene Haut und ihr Herz nicht aufs Spiel setzen, empfangen sie keinen liebevollen Dank, der von Herzen kommt. Genau daher kommt die Unzufriedenheit einiger, die schließlich traurig und zu einer Art Antiquitäten- oder Neuheitensammler werden, anstatt Hirten mit dem „Geruch der Schafe" zu sein, Hirten inmitten ihrer Herde und Menschenfischer."[2]

Der inzwischen viel zitierte „Geruch der Schafe" versinnbildlicht die Unmittelbarkeit, die den Kontakt eines Priesters zu den Menschen prägen soll, die ihm in seinem Wirken anvertraut sind: kein Zwischenhändler oder Verwalter, der die Wirklichkeit aus einer distanzierten Metaebene betrachtet, sondern ein Hirte, der seine eigene Haut und sein Herz aufs Spiel setzt, sich voll und ganz auf die Menschen einlässt.

---

1 *Presbyterorum ordinis* 3; vgl. Kap. 3.2.
2 Predigt von Papst Franziskus am Gründonnerstag, 28.3.2013, (www.radiovatican.va / storico, aufgerufen Februar 2016).

Optionen

Die Konzeption einer diözesanen Priesterausbildung muss diese Unmittelbarkeit ermöglichen. Ausgehend vom Seminar als zentralem Ort der Ausbildung ergeben sich zwei Zielrichtungen: Der Gang hinaus in die Diözese und damit in den späteren Wirkungskreis des Seminaristen und das Hereinholen der Wirklichkeit in den Alltag des Seminars. Die Priesterausbildung hat in den letzten Jahrzehnten durchaus einige Anstrengungen unternommen, um die Seminaristen „hinaus in die Diözese" und damit an die Lebenswirklichkeit der Menschen heranzuführen. Verschiedene Praktika, Exkursionen, soziale Projekte und Gespräche mit Vertretern unterschiedlicher Bereiche des gesellschaftlichen Lebens sind längst Teil des Standardprogramms. Es wird zudem gefordert, dass die Seminaristen in Praktika „an die Ränder" gehen, dass sie in Bezugspfarreien wohnen oder zumindest einen intensiven Kontakt aufbauen[3]. All diese Elemente sind fraglos für sich genommen wertvoll. Entscheidend für die Prägung eines Seminaristen sind sie meist nicht. Ihre prägende Kraft ist letztlich begrenzt, da sie nur einen Abstecher aus dem gewohnten Seminaralltag bedeuten.[4] In Vorschlägen zur Reform der Priesterausbildung spielen vielfältige Varianten des „Herausgehens aus dem Seminar" allerdings eine herausragende Rolle. In gewisser Weise zeigt sich darin die Reaktion auf eine Seminarkonzeption, die als unzulänglich empfunden wird, weil sie eben keine prägenden und selbstverständlichen Kontakte zur Lebenswirklichkeit der Menschen schafft. Umfangreiche verpflichtende Außenkontakte dienen dann womöglich als Kompensation dieses Defizits. Im Blick auf den Priesteramtskandidaten ergibt sich damit mitunter ein recht gnadenloses Anforderungsprofil: In der Studienphase ist er zuallererst Theologiestudent. Die neuen Studienordnungen definieren die Vollstudiengänge als „Vollzeitjob" und berechnen ent-

---

3 Vgl. z. B. Hennecke, Optatam totius – Priesterausbildung neu bedenken, S. 21.

4 „Zu fragen ist aber auch: Sind die Praktika nicht oft zu harmlos, und kann hier wirklich erfahren werden, wie Kirche in Zukunft geht?" Hennecke, In einer Kirche der Beteiligung, S. 27; vgl. auch Kap. 1.2.1.

sprechend ihre Anforderungen. Der Kreis der Kommilitonen ist dabei ein wichtiger sozialer Bezugspunkt. Zweitens ist der Priesteramtskandidat Teil der Seminargemeinschaft. Er absolviert dabei eine anspruchsvolle studienbegleitende Ausbildung, die Energie und Zeit einfordert. Drittens soll er sich emotional nicht nur auf notwendige Außenkontakte wie Praktika einlassen, sondern sich vielleicht sogar dauerhaft im Umfeld einer Bezugspfarrei verorten. Emotional kann sich ein beispielsweise 20-Jähriger auf eine solche Fülle von sozialen Kontexten nicht gleichzeitig einlassen, zumal dann, wenn er sich selbst noch in einer Phase der Orientierung und der Unsicherheit bewegt. Ein Zuviel an vorgeschriebenem Wirklichkeitskontakt kann deshalb kontraproduktiv wirken, indem entsprechende Ausbildungselemente schlicht absolviert und abgehakt werden, ohne dass sie prägende Kraft erlangen.

Prägend sind dagegen vor allem Erfahrungen und Begegnungen, die Teil des normalen Alltags des Seminaristen sind und ihn unmittelbar betreffen. Und dieser normale Alltag findet im Seminar statt, seinem Wohn- und Lebensort. Die Struktur des Seminars muss deshalb solche „Primärerfahrungen" ermöglichen. So gut es geht, muss die Lebenswirklichkeit der Menschen in den Seminaralltag geholt werden, z. B. durch eine offene und durchlässiges Struktur, die selbstverständliche und vielfältige Kontakte im Seminar schafft, durch soziale Projekte im direkten Umfeld des Seminars, die von den Seminaristen regelmäßig mit betreut werden oder durch die dauerhafte Mitgestaltung von pastoralen Projekten der Gemeinde, in der sich das Seminar befindet.

Es ist dabei nicht zwingend notwendig und auch nicht in jedem Fall möglich, dass der größere Teil des Studiums und der Ausbildung der Priesteramtskandidaten in ihrem späteren Wirkungskreis (der eigenen Diözese) verortet ist. Wenn irgendwie möglich sollte dieses Verbindung jedoch angestrebt werden, um das entsprechende Erfahrungspotenzial zu nutzen. So wird die Voraussetzung dafür geschaffen, dass sich neben der priesterlichen und kirchlichen auch eine *diözesane* Identität bei den Seminaristen ausbilden kann. Diese entsteht in erster Linie durch Erfahrungen in der Diözese und Begegnungen mit den Menschen, die in diesem Gebiet leben. Erfährt ein Seminarist seine Diözese während seiner Ausbildung nur sporadisch und als Besucher, wächst die Gefahr, dass er zu eben diesem „traurigen Zwischenhändler" wird, den Papst Franziskus kritisiert. Die Unterschiede zwischen den deutschsprachigen Diözesen in Mentalität, Geschichte, Tradition und pastoralem Vollzug sind nach wie vor groß. Ein Priester muss diese genau kennen, bejahen und sich emotional darauf einlassen können. Anders ist ein unmittelbarer Kontakt eines „Hirten" zu seinen „Schafen" nur schwer möglich.

Es geht also nicht nur um einen realistischen und prägenden Zugang zur Lebenswirklichkeit der „Schafe", sondern auch darum, dass es sich dabei um die Schafe aus dem „eigenen Stall", d. h. der eigenen Diözese handelt. Dem künftigen Priester muss es darum gehen, deren „Geruch" besonders gut zu kennen und zu verstehen.

Hier liegt ein wichtiger Grund – und vielleicht auch die Legitimation – für den Fortbestand der Priesterseminare auch dann, wenn die Priesterausbildung ganz oder teilweise an anderen Orten stattfindet: In irgendeiner Form soll das Seminar auch in dieser Situation ein Ort bleiben, an dem diözesane Identität erfahrbar ist.

Ausblick: Zukunftsmodell Priesterseminar

Die in diesem Buch gebotenen Orientierungen sollen helfen, die Voraussetzungen neu zu entdecken, unter denen das Priesterseminar als „Herz der Diözese" schlägt. Die darauf aufbauenden Optionen möchten Anregungen dazu sein, die Bandbreite der Möglichkeiten des Seminars zu nutzen. Getragen werden die Argumentationen, die diesen Vorschlägen zugrunde liegen, von der Überzeugung, dass Priesterseminare keine Auslauf- sondern Zukunftsmodelle sind. Es gibt allen Grund dafür, in den großen und leeren Gebäuden keinen Abgesang auf vermeintlich bessere Zeiten anzustimmen, sondern deren Potenzial für innovative Konzepte der Priesterausbildung zu nutzen.

Voraussetzung dafür ist, dass überkommene Strukturen und Selbstverständlichkeiten überdacht, modifiziert und gegebenenfalls aufgegeben werden. Das Zweite Vatikanische Konzil hat dazu längst die Voraussetzungen geschaffen. Die Entwicklung des Priesterbildes seit dem Konzil sowie die grundlegenden Veränderungen in der Pastoral und im Verlauf von Priesterberufungen liefern die Steilvorlage für neue Wege in der Seminarkonzeption. Die hier vorgeschlagenen Konzepte zielen auf eine konsequente Öffnung und Flexibilisierung der Seminare: Die Einrichtung von offenen berufungspastoralen Strukturen hat Vorrang vor einer klaren Abgrenzung zwischen Priesteramtskandidaten und anderen Studierenden. Die Weiterentwicklung eines Seminars zu einem Ort für die Ausbildung aller pastoralen Berufe hat Vorrang vor einer Schließung des Seminars aufgrund kleiner Seminaristenzahlen, wenn vor Ort Studium und Ausbildung noch möglich sind. Eine induktive Seminarkonzeption, die bei der individuellen Ausgangssituation des Interessenten oder Priesteramtskandidaten ansetzt und seine einzigartige Berufungsbiografie ernst nimmt, hat Vorrang vor einem nicht mehr zeitgemäßen Einheitsschema in der Seminarkonzeption.

Dies alles geschieht um den Preis der Eindeutigkeit und Geschlossenheit des Systems Priesterseminar. Die Zielsetzungen des Seminars werden vielfältiger, seine Strukturen unübersichtlicher, sein Selbstverständnis in manchem unschärfer und – dies sei nicht verschwiegen – in den so entstehenden Unklarheiten auch von verschiedenen Seiten angreifbarer. Gewonnen wird dadurch jedoch ungleich mehr: die Zukunftsfähigkeit einer nahezu fünfhundert Jahre alten Idee, gelingende Priesterausbildung und letztlich gelingende pastorale Ausbildung insgesamt.

Bei den zahlreichen Veränderungen in der Struktur der Priesterausbildung in Deutschland, die in den nächsten Jahren vermutlich anstehen werden, wird es immer auch um die Zukunft einzelner Seminare gehen. Dabei stehen zwei Alternativen im Raum: Entweder bleibt das Seminar in seiner bisherigen Konzeption erhalten. Zahlreiche Seminare werden dann schließen, um einige wenige lebensfähige Einheiten erhalten zu können. Oder das innovative Potenzial des Seminars wird ausgeschöpft und es bleiben auch mittelgroße, vielleicht sogar kleine Seminare erhalten, dann freilich mit Konzeptionen, die neue Wege beschreiten.

Dieses Buch hätte seinen Zweck erfüllt, wenn es dazu beiträgt, über systemimmanente Lösungen hinaus neue Wege der Seminarkonzeption zu bedenken. Steht die Schließung eines Seminars im Raum, macht sich dieses Buch zum Anwalt desselben: In dubio pro seminario! – und zwar nicht, um Reformen zu verhindern, sondern um sie zu ermöglichen.

Literatur

Aufgeführt wird ausschließlich Literatur, die im Text zitiert oder auf die verwiesen wurde.

Lehramtliche Dokumente und kirchliche Verlautbarungen

Die Texte des Konzils von Trient sind zitiert aus: Dekrete der ökumenischen Konzilien (Conciliorum Oecumenicorum Decreta), Bd. 3: Konzilien der Neuzeit, hrsg. von J. Wolmuth, Paderborn 2002.

Die Texte des Zweiten Vatikanischen Konzils sind zitiert aus: Kleines Konzilskompendium, hrsg. von K. Rahner und H. Vorgrimler, Freiburg (35) 2008.

Johannes Paul II., Nachsynodales Schreiben „Pastores dabo vobis" an die Bischöfe, Priester und Gläubigen über die Priesterausbildung im Kontext der Gegenwart, hrsg. vom Sekretariat der Deutschen Bischofskonferenz (Verlautbarungen des Apostolischen Stuhls 105), Bonn 1992.

Franziskus, Nachsynodales Schreiben „Amoris laetitia" an die Bischöfe, die Priester und Diakone, die Personen geweihten Lebens, die christlichen Eheleute und alle christgläubigen Laien über die Liebe in der Familie, hrsg. vom Sekretariat der Deutschen Bischofskonferenz (Verlautbarungen des Apostolischen Stuhls 204), Bonn 2016.

Kongregation für das Katholische Bildungswesen, Grundordnung für die Ausbildung der Priester (Ratio Fundamentalis Institutionis Sacerdotalis), in: Priesterausbildung und Theologiestudium (Nachkonziliare Dokumentationen, Bd. 25), hrsg. im Auftrag der Deutschen Bischofskonferenz, Trier 1974, S. 68–263.

Kongregation für das Katholische Bildungswesen, Instruktion über Kriterien zur Berufungsklärung von Personen mit homosexuellen Tendenzen im Hinblick auf ihre Zulassung für das Priesterseminar und zu den heiligen Weihen, hrsg. vom Sekretariat der Deutschen Bischofskonferenz (Verlautbarungen des Apostolischen Stuhls 170), Bonn 2005.

Literatur

Kongregation für das Katholische Bildungswesen, Pastorale Leitlinien zur Förderung der Berufungen zum Priesteramt, Rom 2012 (http://de.radiovaticana.va/storico/2012/06/25; aufgerufen Mai 2015).

Päpstliches Werk für geistliche Berufe in Zusammenarbeit mit der Kongregation für das Katholische Bildungswesen, Neue Berufungen für ein neues Europa (In verbo tuo): Schlussdokument des Europäischen Kongresses über die Berufung zum Priestertum und Ordensleben in Europa, hrsg. vom Sekretariat der Deutschen Bischofskonferenz (Verlautbarungen des Apostolischen Stuhls 131), Bonn 1998.

Die deutschen Bischöfe, Leitlinien für die Priesterausbildung, in: Priesterausbildung und Theologiestudium (Nachkonziliare Dokumentationen, Bd. 25), hrsg. im Auftrag der Deutschen Bischofskonferenz, Trier 1974, S. 265–277.

Die deutschen Bischöfe, Rahmenordnung für die Priesterbildung, hrsg. vom Sekretariat der Deutschen Bischofskonferenz (Die deutschen Bischöfe 15–42–73), Bonn 1978–1988–2003.

Die deutschen Bischöfe, Schreiben der Bischöfe des deutschsprachigen Raumes über das priesterliche Amt, hrsg. vom Sekretariat der Deutschen Bischofskonferenz, Bonn 1970/1981.

Weitere Literatur

Alberigo, Guiseppe, Das Zweite Vatikanische Konzil (1962–1965), in: Geschichte der Konzilien. Vom Nicaenum bis zum Vaticanum II, hrsg. von ders., Wiesbaden 1998, S. 414–469.

Alphonso, Herbert, Die persönliche Berufung (Münsterschwarzacher Kleinschriften, Bd. 75), Münsterschwarzach 1993.

Augustin, George, Zum Rufen berufen, in: Priesterliche Existenz und priesterlicher Dienst, in: Priester sein in Christus, hrsg. von George Augustin, Paderborn 2010, S. 171–180.

Baumann, Herbert, Was Priesterseminaristen bewegt(e) – Erkenntnisse aus den Seminarzeitschriften des Priesterseminars Würzburg, in: Reichtum des Glaubens (FS Friedhelm Hofmann; Würzburger Diözesangeschichtsblätter, Bd. 74), hrsg. von K. Hillenbrand und W. Weiß, Würzburg 2012, S. 97–117.

Baumgartner, Isidor, Hoffnungsträger und Exoten. Priesterkandidaten heute, in: Leidenschaft für Gott und sein Volk. Priester für das 21. Jahrhundert, hrsg. von P. Klasvogt, Paderborn 2003, S. 107–127.

Literatur

Bausenhart, Guido, Theologischer Kommentar zum Dekret über das Hirtenamt der Bischöfe in der Kirche *Christus Dominus*, in: Herders Theologischer Kommentar zum Zweiten Vatikanischen Konzil, Bd. 3, hrsg. von P. Hünermann und B.J. Hilberath, Freiburg 2005, S. 225–313.

Becker, Patrick, So schlecht wie sein Ruf? Der Bologna-Prozess ist zehn Jahre alt, in: Herder Korrespondenz 63 (2009), S. 415–418.

Bitterli, Marius Johannes, Das Priesterseminar. Eine Bildungseinrichtung im Wandel? (Beihefte zum Münsterischen Kommentar, Bd. 44), Essen 2006.

Bentz, Udo Markus, Communio als Leitmetapher pastoraler Ausbildung, in: Lebendige Seelsorge 70 (2015), S. 215–219.

Boehm, Laetitia, Katholizismus, Bildungs- und Hochschulwesen nach der Säkularisation, in: Katholizismus, Bildung und Wissenschaft im 19. und 20. Jahrhundert (Beiträge zur Katholizismusforschung, Reihe B: Abhandlungen), hrsg. von A. Rauscher, Paderborn 1987, S. 9–59.

Bucher, Rainer, Offenkundig gefährdet. Zur Lage des Weihepriestertums im priesterlichen Gottesvolk, in: Herder Korrespondenz 68 (2014), S. 572–576.

Bucher, Rainer / Körner, Bernhard, Priestertum und Anerkennung. Thesen zur Priesterausbildung, in: Diakonia 34 (2003), S. 205–208.

Burkard, Dominik, Neues Jahrhundert – neuer Klerus? Priesterbildung in der Diözese Rottenburg an der Wende zum 20. Jahrhundert, in: Rottenburger Jahrbuch für Kirchengeschichte 21 (2002), S. 179–217.

Cordes, Paul Josef, Warum Priester? Fällige Antworten mit Benedikt XVI., Augsburg 2009.

Deckers, Daniel, Kommentar „Sündenbock" in Frankfurter Allgemeine Zeitung vom 12.3.2010.

Drobner, Hubertus, Bologna und die Kirchenväter. Die Stellung der Patrologie in der Umsetzung des Bologna-Prozesses an den Katholisch-Theologischen Fakultäten Deutschlands, in: Revista Theologia di Lugano 14 (2009), S. 309–324.

Drobner, Hubertus, Zwei plus drei ist nicht gleich drei plus zwei. Die Fehlkalkulationen des Bologna-Prozesses, in: Theologie und Glaube 103 (2013), S. 450–458.

Ebertz, Michael N., Berufungskrise – externe und interne Perspektiven, in: Die eine Sendung – in vielen Diensten. Gelingende Seelsorge als gemeinsame Aufgabe der Kirche, hrsg. von G. Augustin und G. Riße, Paderborn 2003, S. 225–231.

183

Literatur

Ebertz, Michael, Erosion der Gnadenanstalt? Zum Wandel der Sozialgestalt von Kirche, Frankfurt 1998.

Erdmann, Karsten, Paradoxien der Priesterausbildung, in: Geist und Leben 78 (2005), S. 196–208.

Faber, Eva-Maria, Suchen, was den Einsatz lohnt. Priesterausbildung im heutigen Kontext, in: Geist und Leben 74 (2001), S. 120–130.

Foitzik, Alexander, Gut getan. Zum ersten Mal treffen sich fast alle deutschen Priesteramtskandidaten, in: Herder Korrespondenz 57 (2003), S. 274–276.

Foitzik, Alexander, Normal. Eine Studie zum sexuellen Missbrauch durch Priester, in: Herder Korrespondenz 67 (2013), S. 5f.

Forstner, Thomas, Priester in Zeiten des Umbruchs. Identität und Lebenswelt des katholischen Pfarrklerus in Oberbayern 1918–1945, Göttingen 2014.

Fuchs, Ottmar, Das Weiheamt im Horizont der Gnade, in: Den Himmel offen halten. Priester sein heute, hrsg. von G. Augustin und J. Kreidler, Freiburg 2003, S. 102–125.

Fuchs, Ottmar, Klerus im Verlust der Heiligkeit, in: Klerus und Pastoral, hrsg. von R. Bucher und J. Pock (Werkstatt Theologie. Praxisorientierte Studien und Diskurse, Bd. 14), Münster 2010, S. 43–60.

Fuchs, Ottmar, Theologischer Kommentar zum Dekret über die Ausbildung der Priester Optatam totius, in: Herders Theologischer Kommentar zum Zweiten Vatikanischen Konzil, Bd. 3, hrsg. von P. Hünermann und B.J. Hilberath, Freiburg 2005, S. 384–459.

Garhammer, Erich, Pastoralstrategie im Übergang vom 18. zum 19. Jahrhundert. Von der „Säkularisierung" zur „Sakralisierung" aufgezeigt an Priesterbild und Priesterbildung, in: Rottenburger Jahrbuch für Kirchengeschichte 23 (2004), S. 107–121.

Garhammer, Erich, Schola – Collegium – Seminarium. Die Entwicklung des Seminarbegriffs auf dem Konzil von Trient (1545–47, 1562/63), in: Priesterbilder. Zwischen Tradition und Innovation, hrsg. von P. Klasvogt und C. Stiegemann, Paderborn 2002, S. 13–18.

Garhammer, Erich, Seminaridee und Klerusbildung bei Karl August Graf von Reisach. Eine pastoralgeschichtliche Studie zum Ultramontanismus des 19. Jahrhunderts (Münchner Kirchenhistorische Studien, Bd. 5), Stuttgart 1990.

Gatz, Erwin (Hrsg.), Priesterausbildungsstätten der deutschsprachigen Länder zwischen Aufklärung und Zweitem Vatikanischen Konzil (Römische

Quartalschrift für christliche Altertumskunde und Kirchengeschichte, 49. Supplementheft), Freiburg 1994.

Gerber, Michael, Zur Liebe berufen. Pastoraltheologische Kriterien für die Formung geistlicher Berufe in Auseinandersetzung mit Luigi M. Rulla und Josef Kentenich (Studien zur Theologie und Praxis der Seelsorge, Bd. 72), Würzburg 2008.

Greshake, Gisbert, Hören auf den Ruf und geistliches Unterscheiden, Kevelar 2012.

Greshake, Giesbert, Priester sein in dieser Zeit, Freiburg 2000.

Groll, Thomas, Ausbildung und Weiterbildung der Priester im Bistum Augsburg, in: Das Bistum Augsburg im 19. und frühen 20. Jahrhundert. Von der Säkularisation (1802/03) bis zum Bayerischen Konkordat (1924/25), hrsg. von M. Weitlauff, Augsburg 2008, S. 387–416.

Groß, Werner, Das Priesterseminar Rottenburg. Anfänge – Regenten – Ereignisse, Rottenburg 1986.

Groß, Werner, Das Wilhelmsstift Tübingen 1817–1869 (Contubernium. Beiträge zur Geschichte der Eberhard-Karls-Universität Tübingen, Bd. 32), Tübingen 1978.

Gschwind, Ludwig, Das Priesterseminar von Pfaffenhausen. Ein halbes Jahrhundert geistliches Bildungszentrum (1745–1804), in: Klerusblatt 84 (2004), S. 176.

Hagemann, Wilfried, Neue Wege – Ausgetretene Pfade. Reformansätze für Priesterbildung, in: Leidenschaft für Gott und sein Volk. Priester für das 21. Jahrhundert, hrsg. von P. Klasvogt, Paderborn 2003, S. 129–141.

Hagemeister, Kathrin, Akkreditierung katholisch-theologischer Studiengänge (Schriften zum Hochschulrecht, Bd. 3), Hamburg 2013.

Hallermann, Heribert, Katholische Theologie im Bologna-Prozess. Gesetze, Dokumente, Berichte (Kirchen- und Staatskirchenrecht, Bd. 13), Paderborn 2011.

Heinemann, Gerd, Priesterausbildung zwischen Tradition und Moderne, in: Stimmen der Zeit 122 (1997), S. 259–269.

Heinz, Hanspeter, Homosexualität und geistliche Berufe. Ein pastoraltheologischer Zugang, in: Stimmen der Zeit 214 (1996), S. 681–692.

Hennecke, Christian, Berufungspastoral – same procedure as every year?, in: Pastoralblatt für die Diözesen Aachen, Berlin, Essen, Hildesheim, Köln und Osnabrück 2/2015, S. 48–54.

Hennecke, Christian, In einer Kirche der Beteiligung. Weltkirchliche Lernimpulse für die Priesterausbildung, in: Herder Korrespondenz 68 (2014), S. 24–28.

Hennecke, Christian, Optatam totius – Priesterausbildung neu bedenken, in: Das Prisma 2/2013, S. 16–24.

Heße, Stefan, Berufung aus Liebe zur Liebe. Auf der Spurensuche nach einer Theologie der Berufung unter besonderer Berücksichtigung des Beitrags von Hans Urs von Balthasar (Dissertationen Theologische Reihe Bd. 86), Sankt Ottilien 2001.

Höffner, Michael, Berufung im Spannungsfeld von Freiheit und Notwendigkeit (Studien zur systematischen und spirituellen Theologie, Bd. 47), Würzburg 2009.

Horn, Stephan Otto, Die Förderung von Berufungen nach dem Konzilsdekret „Optatam totius", in: Zum Aufbruch ermutigt. Kirche und Theologie in einer sich wandelnden Zeit (FS Franz Xaver Eder), hrsg. von P. Fonk u. a., Freiburg 2000, S. 178–200.

Hünermann, Peter, Die Vorgeschichte des Dekrets über die Ausbildung der Priester, in: Herders Theologischer Kommentar zum Zweiten Vatikanischen Konzil, Bd. 3, hrsg. von P. Hünermann und B.J. Hilberath, Freiburg 2005, S. 319–383.

Jacobs, Christoph / Bredeck, Michael, Das Geheimnis des Türhüters. Priester als Brückenbauer im Umbruch, in: Lebendige Seelsorge 61 (2010), S. 106–114.

Jacobs, Christoph, Warum sie „anders" werden. Vorboten einer neuen Generation von Seelsorgern, in: Diakonia 41 (2010), S. 313–322.

Jedin, Hubert, Die Bedeutung des Tridentinischen Dekretes für die Priesterseminare und das Leben der Kirche, in: Theologie und Glaube 54 (1964), S. 181–198.

Karl, Katharina, Biografieforschung als Weg der Theologie, in: Münchener Theologische Zeitschrift 64 (2013), S. 291–301.

Kasper, Walter, Priesterbildung und Priesterausbildung heute. Theologische Überlegungen zu neuesten Umfrageergebnissen, in: Theologische Quartalschrift 155 (1975), S. 300–318.

Kerkhofs, Jan, Der Priestermangel in Europa, in: Europa ohne Priester?, hrsg. von J. Kerhofs und P. Zulehner, Düsseldorf 1995, S. 11–61.

Kessler, Stephan, „Sitzt, passt und hat Luft". Im Gespräch: Leiter des Priesterseminars in Frankfurt, in: Frankfurter Allgemeine Zeitung, Rhein-Main-Zeitung, 25.8.2014.

Literatur

Kiechle, Stefan, Zuversicht im Niedergang? Priesterliches Leben in winterlicher Zeit, in: Herder Korrespondenz 63 (2009), S. 551–556.

Koch, Kurt, Das Dekret über die Hirtenaufgabe der Bischöfe in der Kirche *Christus Dominus*, in: Vierzig Jahre II. Vatikanum. Zur Wirkungsgeschichte der Konzilstexte, hrsg. von F.X. Bischof und S. Leingruber, Würzburg 2004, S. 141–158.

Kohler, Elke, Bolognese für alle? Die Auswirkungen des Bologna-Prozesses auf das Studium der Evangelischen Theologie, in: Pastoraltheologie 97 (2008), S. 471–494.

Köcher, Renate, Schwere Zeiten für die Kirchen, in: Frankfurter Allgemeine Zeitung vom 23. 6.2010, S. 5.

Köhler, Joachim, Priesterbild und Priesterbildung bei Johann Adam Möhler (1796–1838), in: Tübinger Theologen und ihre Theologie. Quellen und Forschungen zur Geschichte der Katholisch-Theologischen Fakultät Tübingen, hrsg. von R. Reinhard (Contubernium. Beiträge zur Geschichte der Eberhard-Karls-Universität Tübingen, Bd. 16), Tübingen 1977, S. 167–196.

Kottje, Raymund, Entstehung und Bedeutung des Tridentiner Seminardekrets, in: Klerus zwischen Wissenschaft und Seelsorge. Zur Reform der Priesterausbildung, hrsg. von Leo Waltermann, Essen 1966, S. 16–20.

Kruse, Jan, Geschichte der Arbeit und Arbeit als Geschichte (Schriftenreihe der Evangelischen Fachhochschule Freiburg, Bd. 19), Münster 2002.

Ladenthin, Volker, Es fehlt an Urteilskraft, in: Frankfurter Allgemeine Zeitung vom 5.6.2014, S. 7.

Ladenthin, Volker, Generation G 8, in: Profil. Mitgliederzeitschrift des Deutschen Philologenverbands, September 2014, S. 15–21.

Maureder, Josef, Wir kommen, wohin wir schauen. Berufung leben heute, Innsbruck 2004.

Mette, Norbert, Theologie lernen als Bildungsprozess, in: Theologisch-praktische Quartalschrift 158 (2010), S. 140–147.

Mödl, Ludwig, Das Dekret über die Ausbildung der Priester *Optatam totius*, in: Vierzig Jahre II. Vatikanum. Zur Wirkungsgeschichte der Konzilstexte, hrsg. von F.X. Bischof und S. Leingruber, Würzburg 2004, S. 159–171.

Mödl, Ludwig, Das Dekret über Dienst und Leben der Priester Presbyterorum Ordinis, in: Vierzig Jahre II. Vatikanum. Zur Wirkungsgeschichte der Konzilstexte, hrsg. von F.X. Bischof und S. Leingruber, Würzburg 2004, S. 297–315.

Literatur

Müller, Philipp, Das Priesterseminar in St. Peter als Nachfolger der Benediktinerabtei, in: Freiburger Diözesan-Archiv 126 (2006), S. 49–64.

Müller, Philipp, „Ein Sprung vorwärts" – auch in der Berufungspastoral? Pastoraltheologische Reflexion über „Berufung" im Gefolge des Zweiten Vatikanischen Konzils, in: Ein Beruf in der Kirche? Fragen der Berufungspastoral, hrsg. von P. Müller und G. Schneider, Ostfildern 2013, S. 10–31.

Müller, Philipp, Priesterlich leiten in Zeiten pastoralen Umbruchs, in: Lebendiges Zeugnis 79 (2015), S. 177–184.

Nicolay, Markus, Zeitgerechte Priesterbildung. Biografische Analysen – systematische Vergewisserungen – pastoraltheologische Perspektiven (Tübinger Perspektiven zur Pastoraltheologie und Religionspädagogik, Bd. 30), Münster 2007.

Ochs, Thomas, Christlich erziehen/sozialisieren in einem Priesterseminar, in: Lebendige Katechese 21 (1999), S. 67–70.

Orth, Stefan, „Kultur der Achtsamkeit". Ein Gespräch mit Bischof Stephan Ackermann über die Aufarbeitung des Missbrauchs, in: Herder Korrespondenz 68 (2014), S. 447–452.

Pauly, Ferdinand, Studium und Ausbildung der Priester im ausgehenden 18. Jahrhundert, in: Archiv für mittelrheinische Kirchengeschichte 35 (1983), S. 143–179.

Pesch, Otto Herrmann, Das Zweite Vatikanische Konzil. Vorgeschichte – Verlauf – Ergebnisse – Nachgeschichte, Würzburg 2001.

Reiser, Marius, Newmans Idee von der Universität und der Bologna-Prozess, in: Münchener Theologische Zeitschrift 61 (2010), S. 120–132.

Scharfenecker, Uwe, Die Katholisch-Theologische Fakultät Gießen (1830–1859). Ereignisse, Strukturen, Personen (Veröffentlichungen der Kommission für Zeitgeschichte. Reihe B, Forschungen, Bd. 81), Paderborn 1998.

Schmid, Peter, Das älteste Priesterseminar diesseits der Alpen, in: Klerusblatt 75 (1995), S. 3–5.

Schmidt, Oliver, Eine Krisenzeit für Berufungen? Berufungspastoral im Wandel, in: Ein Beruf in der Kirche? Fragen der Berufungspastoral, hrsg, von P. Müller und G. Schneider, Ostfildern 2013, S. 64–77.

Schmidtchen, Gerhard, Umfrage unter Priesteramtskandidaten. Forschungsbericht des Instituts für Demoskopie Allensbach über eine im Auftrag der Deutschen Bischofskonferenz durchgeführte Erhebung, Freiburg 1975.

Schneider, Gerhard, Integrative Propädeutik. Neue Wege der Priester- und Theologenausbildung im theologisch-propädeutischen Seminar „Ambrosianum" in Tübingen, in: Theologische Quartalschrift 190 (2010), S. 31–41.

Schneider, Gerhard, Lebensform Zölibat, in: Perspektiven einer dialogischen Kirche. Der Dialog- und Erneuerungsprozess in der Diözese Rottenburg-Stuttgart 2011–2013, hrsg. von der Geschäftsstelle Dialogprozess, Rottenburg 2013, S. 196–202.

Schneider, Gerhard, Um wen geht es eigentlich? Wer heute wie in Kontakt mit der Berufungspastoral kommt und was von ihr erwartet wird, in: Ein Beruf in der Kirche? Fragen der Berufungspastoral, hrsg. von P. Müller und G. Schneider, Ostfildern 2013, S. 32–48.

Schneider, Michael, Die Unterscheidung von forum externum und forum internum in der Priesterausbildung, in: Geist und Leben 86 (2013), S. 404–418.

Sellmann, Matthias, Berufung greift weiter als Taufe. Ein Gespräch mit Michael Bredeck, in: Lebendige Seelsorge 65 (2014), S. 415–420.

Söding, Thomas, Aufbau der Gemeinde. Der paulinische Plan, in: Priester mit Profil. Zur Zukunftsgestalt des geistlichen Amtes, hrsg. von P. Klasvogt und R. Lettmann, Paderborn 2000, S. 57–94.

Smolinsky, Heribert, Die Voraussetzungen der Reformation, in: Ökumenische Kirchengeschichte Bd. 2, hrsg. von T. Kaufmann, R. Kottje u. a., Darmstadt 2008, S. 231–236.

Splett, Jörg, Priestersein und priesterliches Gottesvolk, in: Geist und Leben 80 (2007), S. 40–53.

Stelzer, Marius, Wie lernen Seelsorger? Milieuspezifische Weiterbildung als strategisches Instrument kirchlicher Personalentwicklung (Angewandte Pastoralforschung, Bd. 1), Würzburg 2014.

Stenger, Marc, Priesterausbildung in Frankreich, in: Leidenschaft für Gott und sein Volk. Priester für das 21. Jahrhundert, hrsg. von P. Klasvogt, Paderborn 2003, S. 93–87.

Terwitte, Paulus/Birkhofer, Peter, Ich bin gerufen (Münsterschwarzacher Kleinschriften, Bd. 159), Münsterschwarzach 2007.

Thönnes, Hans-Werner, Priester werden in Deutschland. Über Zustand und Standard heutiger Priesterbildung, in: Leidenschaft für Gott und sein Volk. Priester für das 21. Jahrhundert, hrsg. von P. Klasvogt, Paderborn 2003, S. 75–83.

Tüchle, Herman, Das Seminardekret des Trienter Konzils und Formen seiner geschichtlichen Verwirklichung, in: Theologische Quartalschrift 144 (1964) S. 12–30.

Vechtel, Klaus, Der priesterliche Dienst und die Sendung der Kirche in *Presbyterorum Ordinis*, in: Geist und Leben 87 (2014), S. 48–59.

Unterburger, Klaus, Gefahren, die der Kirche drohen. Eine Denkschrift des Jesuiten Augustinus Bea aus dem Jahr 1926 über den deutschen Katholizismus (Quellen und Studien zur neueren Theologiegeschichte, Bd. 10), Regensburg 2011.

Weinberger, Walter, Voraussetzungen für die Zulassung zum Priestertum. Entwicklungen und gegenwärtige Rechtslage in der Römisch-Katholischen Kirche (Kanonistische Studien und Texte, Bd. 56), Berlin 2011.

Wolf, Hubert, Priesterausbildung zwischen Universität und Seminar. Zur Auslegungsgeschichte des Trienter Seminardekrets, in: Römische Quartalschrift 88 (1993), S. 218–236.

Zimmer, Andreas / Lappehsen-Lengler, Dorothee / Weber, Maria / Götzinger, Kai, Sexueller Kindesmissbrauch in kirchlichen Institutionen – Zeugnisse, Hinweise, Prävention. Ergebnisse der Auswertung der Hotline der Deutschen Bischofskonferenz für Opfer sexueller Gewalt, Weinheim 2014.

Zinnhobler, Rudolf, Bischöfliche Seminare als Stätten der Priesterausbildung – Vom Barock bis zur Säkularisation, in: Römische Quartalschrift 83 (1988), S. 345–364.

Zinnhobler, Rudolf, Das alte und das neue Priesterseminar – Beobachtungen zum Lebensstil, in: Papsttum und Kirchenreform (FS Georg Schwaiger), hrsg. von M. Weitlauf und K. Hausberger, St. Ottilien 1990, S. 673–697.

Zulehner, Paul / Hennersperger, Anna, „Sie gehen und werden nicht matt". Priester in heutiger Kultur. Ergebnisse der Studie Priester 2000, Ostfildern 2001.